Eva Danner

Im Zoo ist was los!

15 kleine Tier-Projekte für Krippenkinder

Verlag an der Ruhr

Impressum

Titel
Im Zoo ist was los! – 15 kleine Tier-Projekte für Krippenkinder

Autorin
Eva Danner

Titelbildmotive
© Eva Danner; Erdmännchen: © fovito – stock.adobe.com (s. a. Inhaltsverzeichnis)

Fotos
soweit nicht anders vermerkt: © Eva Danner

Icons
© Anja Boretzki, Massageball: © Eva Spanjardt

Druck
AZ Druck und Datentechnik GmbH, Kempten, DE

Die abgebildete Handpuppe Seppel entspringt der Marke Sterntaler.

Verlag an der Ruhr
Mülheim an der Ruhr
www.verlagruhr.de

Geeignet für Kinder von 1–3 Jahren

ISBN 978-3-8346-4319-3

Inhalt

Ein paar Worte vorab …

Kinder mögen Tiere! Das ist bei Krippenkindern nicht anders. Alles Lebendige übt eine besondere Faszination aus. Nicht alle Tiere können jedoch in ihrer natürlichen Umgebung betrachtet werden, denn sie sind in fernen Ländern zu Hause. Doch gerade exotische Tiere, wie Affen, Elefanten oder Giraffen, wecken in besonderer Weise das Interesse und die Neugier der Kinder. Säugetiere, Reptilien und exotische Vögel können im Tierpark oder Zoologischen Garten aus nächster Nähe betrachtet und bestaunt werden und über jedes dieser Lebewesen gibt es Spannendes zu berichten und zu erfahren.

Dieses Buch beinhaltet **15 Projekte** zu verschiedenen Tierarten. Diese sind auf die Bedürfnisse von Krippenkindern ausgerichtet und alle bereits mehrfach in der Praxis erprobt. Die Inhalte sind meist ohne große und aufwändige Vorbereitungen umzusetzen und in Ihren Alltag zu integrieren. Jedoch bedarf es hierbei, wie bei Projekten für ältere Kinder auch, einer gewissen Planung und Vorbereitung vonseiten der pädagogischen Fachkräfte. Ich habe versucht, diese jedoch so gering wie möglich zu halten, sodass die Angebote schnell und unkompliziert umsetzbar sind.

Ganzheitlichkeit ist der Schlüssel zu lustvollem und nachhaltigem Lernen, weshalb die Projekte vielfältig erarbeitet und gestaltet werden können und alle Sinne der Kinder anregen sollen. Die Freude steht immer im Vordergrund und jedes Kind entscheidet selbst, ob es an den jeweiligen Angeboten teilnehmen möchte oder nicht. **Freiwilligkeit** hat immer oberste Priorität.

Jedes Projekt enthält ein eigenes Vorwort mit Wissenswertem zum jeweiligen Thema, das in diesem Kapitel behandelt wird. Dabei erfahren Sie Interessantes über die Lebensweise sowie andere charakteristische Verhaltensweisen, wie Fortbewegung oder Ernährung der einzelnen Tiere.

Eine **kurze Geschichte** dient immer als Einstieg in die jeweilige Thematik. Diese können Sie vorlesen oder frei erzählen, ganz wie es Ihnen beliebt. Das Besondere: Alle Geschichten sind mit übersichtlichen Materialangaben versehen, mit denen Sie die Erzählung bildhaft darstellen können. Auf diese Weise können Ihre Kleinen nicht nur zuhören, sondern die Geschichte auch visuell erleben. Dies hilft gerade jüngeren Kindern dabei, den Handlungsabläufen besser folgen zu können.

Und natürlich macht es auch viel Freude, eine Geschichte, ähnlich einem Puppenspiel, zu betrachten und die einzelnen Charaktere quasi live zu erleben. Beziehen Sie die Kinder, wenn gewünscht, auch in die Handlung mit ein. Handpuppen können jedes Kind einzeln begrüßen oder Dinge dürfen von den Kindern in die Hand genommen und genau betrachtet werden. Entscheiden Sie individuell, wo eine solche Miteinbeziehung passend ist und wo Ihre Jüngsten selbst aktiv werden können.

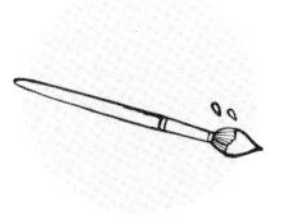

Bei jedem Projekt gibt es mindestens ein **Kreativangebot**, das sich gezielt mit der äußeren Erscheinung des jeweiligen Tieres beschäftigt. Die Angebote sind vielfältig und es kommen die unterschiedlichsten Materialien und Techniken zum Einsatz.

Ein paar Worte vorab

Oft sind einfache geometrische Formen Ausgangspunkt, welche Sie vor Beginn des Angebotes vorbereiten müssen. Die Kinder können diese Formen dann (mit etwas Unterstützung) durch- oder abschneiden und auf diese Weise verschiedene Teile des Tieres gestalten. Es wird gefärbt, gemalt, geschnitten und geklebt und jedes Tier wird so zu einem Unikat.

Natürlich sind **Naturerfahrungen** auch Bestandteile dieses Buches und dürfen unter keinen Umständen fehlen.

In bereits erwähnten **Tierparks oder Zoologischen Gärten** können die Kinder Tiere aus nächster Nähe gefahrlos betrachten und beobachten. Seien Sie achtsam, wenn Sie mit Ihren Jüngsten unterwegs sind, und nehmen Sie sich Zeit, die Tiere genau zu betrachten. Hören Sie genau hin, vielleicht ist das Trompeten eines Elefanten zu vernehmen oder das Rufen eines Affen. Vielleicht bekommen die Kleinen auch eine Tierfütterung mit, die natürlich besonders spannend ist.

In **Sachbetrachtungen** können die Kinder beispielsweise eine Schlangenhaut betrachten, exotische Früchte kennenlernen und verkosten und auf diese Weise ihre ganz eigenen Erfahrungen machen. Bei unterschiedlichen **lebenspraktischen Tätigkeiten** bereiten Ihre Jüngsten verschiedene Lebensmittel zu und erfahren etwas über deren Verarbeitung.

Achten Sie bitte beim Verzehr von Lebensmitteln auf eventuelle Allergien der Kinder und ersetzen Sie die entsprechenden Zutaten.

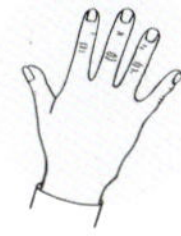

Alle Projekte werden mit Finger- oder Bewegungsspielen und Liedern individuell ergänzt oder vertieft. Da es ein kindliches Bedürfnis ist, Sprache und Bewegung miteinander zu verbinden, sind **Finger- und Bewegungsspiele** Bestandteile dieses Buches.

Die leicht verständlichen Texte und Bewegungsanregungen verbessern und schulen die Sprachentwicklung, Koordination und Feinmotorik Ihrer Jüngsten und machen natürlich viel Spaß.

Die verwendeten **Lieder** sind einprägsam, da neue, eingängige Texte zu altbekannten Melodien verwendet werden. Die Kombination von traditionellen Melodien mit neuen Textstrophen ermöglicht es nahezu jeder Fachkraft, die Lieder ohne langes Einüben mit den Kleinen zu singen. Dies fördert die Musikalität der Kinder und animiert zum Mitsingen.

Des Weiteren gibt es **Sinneserfahrungen, Kimspiele oder Sprechverse** und **Spiele**, welche die Projekte bereichern und ergänzen. Auf diese Weise haben Sie vielfältige Anregungen, um mit Ihren Jüngsten die verschiedensten Tiere entdecken und erforschen zu können. Selbstverständlich dürfen Sie die Angebote verändern und/oder nach Ihren Wünschen variieren und gestalten. Orientieren Sie sich hierbei an den Interessen und Vorlieben Ihrer Kinder und gehen Sie gemeinsam auf eine individuelle Entdeckungsreise.

Ein besonderer Dank geht an dieser Stelle an den Zoologischen Stadtgarten in Karlsruhe, in welchem einige der Aufnahmen entstanden sind.

Und nun wünsche ich Ihnen und Ihren Kindern viel Freude beim Kennenlernen verschiedener Tierarten und ihren Streifzügen außerhalb der Einrichtung, bei denen es so viel zu entdecken und zu erforschen gibt.

Eva Danner

Der Tierpfleger Martin

Die offizielle Berufsbezeichnung für Menschen, die sich im Zoo um die Tiere kümmern, lautet „Tierpfleger/in mit Fachrichtung ‚Zoo'". Tierpfleger*innen[1] finden ihre **Tätigkeiten** in zoologischen Gärten, Naturparks, Tier- und Wildgehegen sowie in Aquarien. Der überaus vielseitige Beruf sieht eine Betreuung von Tieren verschiedenster Gattungen vor und man arbeitet im Freien, in geschlossenen Tierunterkünften, in Brut- und Aufzuchtstationen und in Futterküchen. Wer sich für solch einen Beruf entscheidet, weiß, dass man sowohl im Schichtbetrieb als auch an Sonn- und Feiertagen tätig sein muss. Ebenso sollte man eine gute Fitness mitbringen, denn die **körperliche Arbeit** kann sehr anstrengend und kräfteraubend sein. Da müssen große Mengen Futter in die Gehege gebracht, unzählige Ladungen Mist mit der Schubkarre abtransportiert werden etc. Die **Aufgaben** und Betätigungsfelder sind vielseitig und abwechslungsreich.

Zunächst stehen die Pflege und artgerechte Betreuung der Tiere im Fokus: Futter und Wasser bringen, Unterkünfte ausmisten und reinigen. Des Weiteren müssen die Tiere entsprechend beschäftigt und intensiv beobachtet werden, um auf eventuelle Auffälligkeiten zeitnah reagieren zu können. Eine gute **Beobachtungsgabe** und Fachkenntnisse sind hierbei zwingend erforderlich.

Außerdem halten Tierpfleger*innen die Tierunterkünfte instand, helfen bei der Aufzucht, verabreichen Medikamente, bereiten Futter zu und müssen die Tier- und Artenschutzbestimmungen kennen und anwenden können. Sie dokumentieren und beantworten Fragen von Besucher*innen, bieten Führungen an und präsentieren Fütterungen vor Publikum. Tierpfleger*in ist ein toller Beruf, der jedoch vielfältige Kompetenzen verlangt und Verantwortungsbewusstsein voraussetzt.

Gleich kommt der Tierpfleger Martin.

In einer Geschichte lernen die Kinder den Tierpfleger Martin kennen und erfahren Wissenswertes über dessen Beruf.

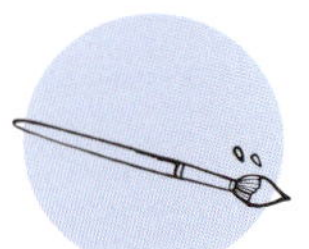

Bei einem Kreativangebot darf jedes Kind einen Tierpfleger gestalten und schult dabei seine Feinmotorik.

Ein Bewegungsspiel verbessert die Koordination und Sprache der Kinder.

Ein fröhliches Lied animiert zum Mitsingen und schult die Musikalität.

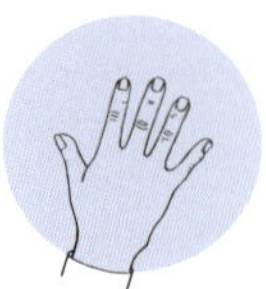

Die Kleinen schlüpfen in die Rolle verschiedener Zootiere und erproben ihre Motorik.

[1] Der Verlag an der Ruhr legt großen Wert auf eine geschlechtergerechte und inklusive Sprache. Aus diesem Grund verwenden wir in der Ansprache unserer Kund*innen das Gendersternchen, um sowohl männliche und weibliche als auch nichtbinäre Geschlechtsidentitäten einzuschließen.

Der Tierpfleger Martin

Das brauchen Sie

- ✓ Martin (als Figur oder aus Papier)
- ✓ Wecker
- ✓ Bett (Puppenbett oder Karton mit einem Tuch auslegen)
- ✓ Besen, Schaufel, Rechen (Kinderspielzeug, Dekosachen o. Ä.)
- ✓ Schubkarre (Dekoschubkarre oder Schnur an Karton binden und ziehen)
- ✓ Affen (als Figuren oder aus Papier)
- ✓ Eimer (Sandspieleimer)
- ✓ Pinguine (als Figuren oder aus Papier)
- ✓ Seehunde (als Figuren oder aus Papier)
- ✓ Fische (als Figuren oder aus Papier)
- ✓ Bananen (Einkaufsladen)
- ✓ Löwen (als Figuren oder aus Papier)
- ✓ Tiger (als Figuren oder aus Papier)
- ✓ Fleisch (Stücke von einem rosafarbenen Schwamm o. Ä.)
- ✓ Apfel (Einkaufsladen oder echt)
- ✓ Glas
- ✓ Papageien (als Figuren oder aus Papier)
- ✓ Früchte (Einkaufsladen)

Die Geschichte

Martin ist Tierpfleger von Beruf. Er arbeitet im Tierpark. Das macht ihm viel Spaß, denn er mag Tiere sehr. Jeden Morgen muss er früh aufstehen, so auch heute. Sein **Wecker** klingelt und Martin gähnt. „Uahhh, schon wieder Zeit zum Aufstehen." Noch etwas verschlafen, reibt er sich die Augen und steigt aus dem **Bett**. Er muss sich beeilen, schließlich wartet im Tierpark jede Menge Arbeit auf ihn. Als er dort ankommt, zieht er sich eine Arbeitshose und Gummistiefel an. Dann holt er **Besen, Schaufel** und **Rechen**, legt alles in eine **Schubkarre** hinein und macht sich auf den Weg zum Affengehege. „Guten Morgen, meine Lieben", begrüßt er die Tiere freundlich. Während die **Affen** fröhlich in den Bäumen turnen, macht der Tierpfleger ihr Gehege sauber. Das Gleiche macht er auch bei den Giraffen, Zebras und vielen anderen Tieren. Martin hat wirklich eine Menge Arbeit, bis es überall sauber ist. Doch er hat noch lange keine Zeit, sich auszuruhen, schließlich haben die Tiere auch Hunger. Mit einem **Eimer** geht er zu den **Pinguinen** und **Seehunden**.
Er hat ihnen **Fische** mitgebracht, welche die Tiere sogleich schnappen und verspeisen. „Lasst es euch schmecken!", ruft er ihnen zu. Den **Affen** bringt Martin leckere **Bananen**. Für die **Löwen** und **Tiger** hat er jede Menge **Fleisch**. Den ganzen Tag ist der Tierpfleger unterwegs. Immer ist etwas los und er erlebt tolle Dinge. Deshalb ist ihm auch nie langweilig und er hat viel Freude bei der Arbeit.

In seiner Mittagspause isst Martin einen **Apfel**, den er von zu Hause mitgebracht hat, und trinkt ein **Glas** Wasser. Danach besucht er noch die **Papageien** und bringt ihnen süße **Früchte** mit. Dann ist es Zeit, nach Hause zu gehen. Der freundliche Tierpfleger ist müde. Erschöpft, aber glücklich macht er sich auf den Heimweg. Doch bereits am nächsten Morgen wird er zurückkommen, denn auch dann gibt es für ihn wieder jede Menge zu tun im großen Tierpark.

Alle freuen sich auf den Besuch von Martin.

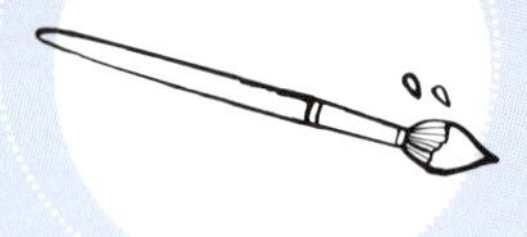

Der Tierpfleger Martin

Material:

- ✓ Tonkarton: beige, hell- und dunkelbraun, rot, weiß, schwarz, grün
- ✓ bunter Chenilledraht
- ✓ Schere
- ✓ Klebstoff
- ✓ Locher
- ✓ Klebeband

Ich kann schon ganz allein basteln.

Durchführung:

Für den Kopf:
Bereiten Sie ein beigefarbenes, 8 x 8 cm großes Quadrat vor (Kopf), einen weißen, 1 cm breiten Streifen (Augen), einen roten, 2 cm großen Kreis (Mund) und einen dunkelbraunen, 7,5 cm großen Kreis (Mütze).

Die Kinder schneiden am Kopf alle vier Ecken ab. Vom weißen Streifen schneiden sie zwei Stücke als Augen ab und kleben schwarze Locherpunkte als Pupillen auf. Den roten Kreis halbieren sie und verwenden eine Hälfte als Mund. Vom braunen Kreis schneiden sie etwa ein Drittel ab, knicken es auf der geraden Seite 0,5 cm um und kleben es an die Schnittkante der größeren Halbkreishälfte (dabei benötigen sie Ihre Hilfe). Die Einzelteile des Gesichtes setzen die Kinder mit Klebstoff zusammen. Einen roten Locherpunkt fixieren sie als Nase.

Für den Oberkörper:
Schneiden Sie ein dunkelbraunes, 10 x 12 cm großes Rechteck zu (Bauch) sowie einen 3 x 14 cm langen Streifen (Ärmel). Bereiten Sie einen beigefarbenen, 2,5 x 10 cm und einen 2 cm breiten Streifen vor (Arme/Hals) sowie zwei Kreise mit 3 cm und 3,5 cm Durchmesser (Hände/Halsausschnitt).

Die Kinder schneiden auf einer schmalen Bauchseite beide Ecken ab. Den braunen und dickeren beigefarbenen Streifen halbieren sie und verwenden die entstandenen Hälften als Ärmel und Arme. Vom dünnen, beigefarbenen Streifen schneiden sie ein Stück als Hals ab. Die Kreise halbieren sie und verwenden die beiden Hälften des kleinen Kreises als Hände, eine Hälfte des großen Kreises als Halsausschnitt. Die Einzelteile des Oberkörpers setzen sie mit Klebstoff zusammen und befestigen den Kopf am Hals.

Für Hose, Beine und Füße:
Bereiten Sie einen hellbraunen, 5 x 16 cm langen Streifen vor (Hose), einen beigefarbenen, 3 x 16 cm langen Streifen (Beine) und einen dunkelbraunen, 4 cm großen Kreis (Füße). Die Kinder halbieren beide Streifen und verwenden die entstandenen Hälften als Hose und Beine. Den Kreis schneiden sie mittig durch und verwenden beide Hälften als Füße. Die Einzelteile setzen sie mit Klebstoff zusammen und befestigen die Hose am Oberkörper.

Für den Eimer:
Schneiden Sie ein grünes, 6 x 5 cm großes Rechteck zu und legen Sie den Chenilledraht bereit. Die Kleinen schneiden den Eimer auf einer schmalen Seite schräg zu und schneiden ein Stück des Chenilledrahts als Henkel ab. Diesen biegen Sie in U-Form und fixieren ihn mit Klebeband von hinten am Eimer. Den fertigen Eimer befestigen Sie an einer Hand des Tierpflegers.

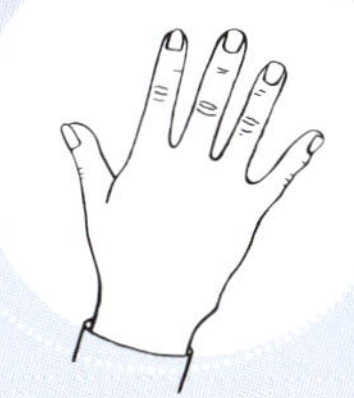

Martin, der Tierpfleger

Verse sprechen …	Finger spielen …
Im Tierpark gibt es einen Mann	Kinder formen mit den Armen einen Kreis = Tierpark;
und der heißt Martin, sieh mal an.	auf jemanden deuten
Ganz früh am Morgen steht er auf, schon geht es raus im Dauerlauf.	Arme und Beine ausstrecken, gähnen; mit den Füßen stampfen
Sauber machen bei den Affen, Futter bringen den Giraffen.	Pantomimisch sauber machen und Futter auslegen
Den Stall ausmisten hier und dort, für jedes Tier ein gutes Wort.	Pantomimisch mit dem Besen fegen; pantomimisch mit den Tieren sprechen, sie streicheln o. Ä.
Ja, überall ist viel zu tun und selten Zeit, sich auszuruhn.	Laut schnaufen; mit dem Handrücken über die Stirn wischen
Doch Martin fällt das gar nicht schwer, denn seine Arbeit mag er sehr.	Ausladende Handbewegung

Wenn Martin bei den Tieren unterwegs ist, haben alle Kinder Spaß.

Martin ist ein lieber Mann

Melodie: traditionell, „Dornröschen war ein schönes Kind“ | **Text:** Eva Danner

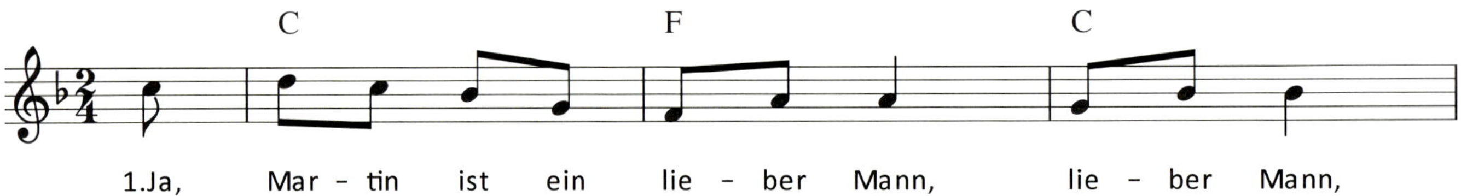

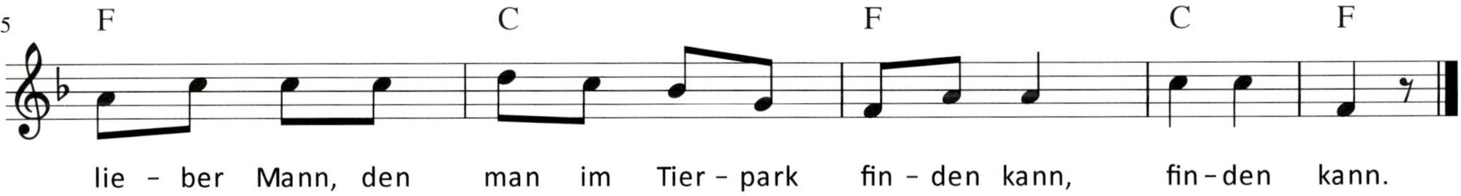

2.
Dort hat er immer viel zu tun,
viel zu tun, viel zu tun
und selten Zeit, sich auszuruhn,
auszuruhn.

3.
Den Pinguinen bringt er Fisch,
bringt er Fisch, bringt er Fisch.
Ganz schnell für ihren Mittagstisch,
Mittagstisch.

4.
Die Löwen, ja, die wollen Fleisch,
wollen Fleisch, wollen Fleisch.
Sie haben Hunger, und zwar gleich,
und zwar gleich.

5.
Bananen bringt er zu den Affen,
zu den Affen, zu den Affen.
Und frisches Wasser den Giraffen,
den Giraffen.

6.
Auch Saubermachen, das muss sein,
das muss sein, das muss sein.
Bei allen Tieren groß und klein,
groß und klein.

7.
Die Arbeit, ja, die ist oft schwer,
ist oft schwer, ist oft schwer.
Doch Martin mag sie trotzdem sehr,
trotzdem sehr.

8.
Am Abend geht er müd nach Haus,
müd nach Haus, müd nach Haus.
Und ruht sich von der Arbeit aus,
Arbeit aus.

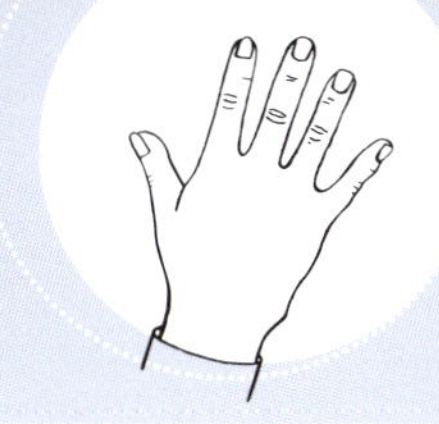

Tierfütterung

Berichten Sie den Kindern, dass Martin viel Arbeit im Tierpark zu erledigen hat. Heute dürfen die Kleinen in die Rollen verschiedener Zootiere schlüpfen, denen Martin Futter bringt. Bauen Sie die Stationen kreisförmig auf und stellen Sie in die Turnraummitte einen großen Korb. Dort bringen die Kinder die Bälle hin, nachdem sie die jeweilige Station bewältigt haben.

Die Löwen brauchen viel Futter.

Station: Löwen

Material:

- ✓ 1 Kriechtunnel
- ✓ 1 Reifen
- ✓ 1 Tuch
- ✓ orangefarbene Plastikbälle (z. B. aus dem Bällebad)
- ✓ Schaumstoffelemente zum Stützen (bei Bedarf)

Durchführung:

Platzieren Sie bei Bedarf auf beiden Seiten des Kriechtunnels Schaumstoffelemente, damit dieser nicht wegrutschen kann. Legen Sie den Reifen neben die Tunnelöffnung und platzieren Sie ein Tuch darin. Auf dieses legen Sie die orangefarbenen Bälle (Fleisch). Jedes Kind wird nun zu einem Löwen, nimmt sich ein Fleischstück und krabbelt damit durch den Kriechtunnel. Den Ball legt es in den Korb.

Station: Nilpferde

Material:

- ✓ 3 Reifen
- ✓ 1 Turnmatte
- ✓ 1 Tuch
- ✓ grüne Plastikbälle (z. B. aus dem Bällebad)

Durchführung:

Drücken Sie die Matte zusammen und stecken Sie diese auf jeder Seite in einen Reifen hinein (Wasserbecken). Platzieren Sie einen Reifen daneben und legen Sie ein Tuch hinein. Auf diesem verteilen Sie die grünen Bälle (Melonen). Berichten Sie den Kleinen, dass sie nun in die Rolle der Nilpferde schlüpfen dürfen und leckere Wassermelonen bekommen. Die Kinder nehmen einen Ball und krabbeln durch die Matte zur anderen Seite. Die Melone legen sie in den Korb.

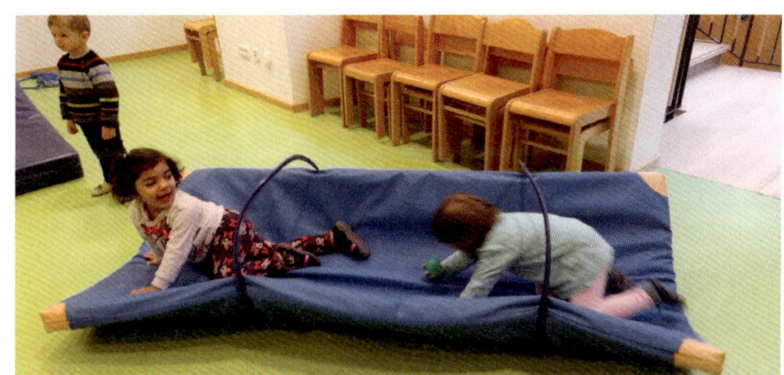

Auch die Nilpferde müssen gefüttert werden.

Station: Seehunde

Material:

- ✓ 1 Weichbodenmatte
- ✓ 1 Bank
- ✓ 1 Tuch
- ✓ blaue Plastikbälle (z. B. aus dem Bällebad)

Durchführung:

Legen Sie die Weichbodenmatte über die Bank, sodass eine Steigung und ein Gefälle entstehen (Wasserbecken). Den Reifen platzieren Sie auf dem Boden, legen das Tuch hinein und verteilen die blauen Bälle (Fische) darauf. Die Kinder nehmen sich einen Ball, laufen, klettern oder krabbeln die Steigung der Matte hinauf und rutschen auf der anderen Seite wieder herunter. Den Fisch tragen sie zum Korb.

Paulchen, der Papagei

Papageien sind Vögel, von denen mehrere Hundert Arten nahezu überall auf der Welt vorkommen. Man findet sie beinahe auf allen Kontinenten, auch wenn sie sich in Größe und Aussehen deutlich voneinander unterscheiden können. Kennzeichnend für alle Papageienvögel sind das farbenfrohe Gefieder, der große, kräftige Schnabel, die aufrechte Körperhaltung und ihre typischen Kletterfüße. Die charakteristischen Füße haben zwei nach vorn und zwei nach hinten gerichtete Zehen, womit sich die Vögel prima festhalten können. Doch Papageienfüße eignen sich auch hervorragend, um Schalen zu knacken oder Nahrung festzuhalten und diese zum Schnabel zu führen. Es gibt sogar sog. „Rechts- und Linksfüßer", so wie es bei den Menschen Rechts- und Linkshänder gibt. Papageien sind Allesfresser, denn es stehen neben Früchten und Samen auch Nüsse, Blüten oder teilweise auch Insekten auf ihrem Speiseplan. Die tagaktiven Vögel sind in der Regel gesellige Tiere, die meist in Schwärmen anzutreffen sind. Sie sind größtenteils monogam, das heißt, sie suchen sich einen Partner aus, mit dem sie ihr ganzes Leben verbringen. Papageien können bis zu 70 Jahre alt werden und sind überaus intelligent. Manche Arten können durch die Bewegungen ihrer Zunge sogar sprechen lernen.

Gestatten: Paulchen Papagei

In einer Geschichte lernen die Kinder einen Papageien kennen, der sich im Tierpark bestens auskennt.

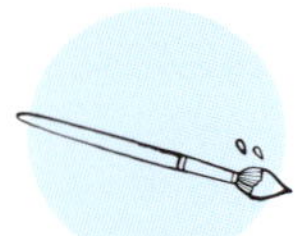

Jedes Kind darf aus Papier, Farben und Federn einen tollen Papageien basteln.

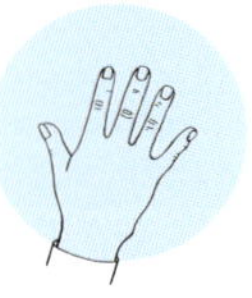

Ein Fingerspiel berichtet von Paulchen Papagei und die Kleinen verbessern ihre Sprachentwicklung und Koordination.

Ein fröhliches Lied animiert zum Mitsingen und schult die Musikalität.

Bei einer Sachbetrachtung nehmen die Kinder eine Ananas ganz genau unter die Lupe.

Paulchen, der Papagei

Das brauchen Sie

- ✓ Martin (als Figur oder aus Papier)
- ✓ Paulchen/Papageien (als Figuren oder aus Papier)
- ✓ Wege (braune Tücher)
- ✓ Flamingos (aus Papier oder als Figuren)
- ✓ Kängurus (aus Papier oder als Figuren)
- ✓ Löwen (aus Papier oder als Figuren)
- ✓ Elefanten (aus Papier oder als Figuren)
- ✓ Bäume (aus Papier)
- ✓ Sträucher (grüne Tücher über Kisten und Körbe legen)
- ✓ Eimer (Sandspieleimer)
- ✓ Körner, Mais, Nüsse

Die Geschichte

Im Tierpark herrscht große Aufregung. Ein Papagei aus einem fernen Land ist angekommen und alle wollen ihn sehen. Aber **Martin**, der Tierpfleger, weiß, dass der Papagei erst einmal Ruhe braucht, um sich mit seiner neuen Umgebung vertraut zu machen. So bringt er ihn zu Station 1, wo neue Tiere als Erstes hinkommen. Dort werden sie von einem Tierarzt untersucht und wenn sie krank sind, bekommen sie gleich Medizin. Aber der Papagei ist gesund und als Martin am nächsten Morgen die Station betritt, erwartet der Vogel ihn bereits. „Hallo", begrüßt Martin ihn. Das Tier hat einen langen Schwanz, kunterbunte Federn, einen schwarzen, kräftigen Schnabel und starke Krallenfüße. „Kra, kra", krächzt er.

„Zuerst brauchst du einen Namen. Ich werde dich **Paulchen** nennen."

„Paul-chen", krächzt der Vogel. „Ui", staunt Martin. „Du kannst sprechen! Du bist ein kluges Tier. Aber jetzt zeige ich dir erst einmal dein neues Zuhause." Da breitet der Vogel seine Flügel aus und schwups sitzt er auf Martins Schulter. Auf schönen **Wegen** laufen die zwei durch den Tierpark. Überall gibt es etwas zu sehen. „Das hier sind die **Flamingos**", erklärt Martin und zeigt auf große Vögel mit rosafarbenen Federn und langen Beinen. „Da drüben wohnen die **Kängurus** und da vorn sind die **Löwen** zu Hause."

„Törööö", ertönt es plötzlich und Paulchen dreht den Kopf. „Das sind die **Elefanten**. Gleich siehst du sie." Nach einigen Metern stehen die zwei vor großen, grauen Tieren mit großen Ohren und langen Rüsseln. Martin und Paulchen verbringen den ganzen Morgen zusammen im Park, bis sie an einer riesigen, freien Fläche ankommen. Hohe **Bäume** und **Sträucher** wachsen dort. Der Tierpfleger bleibt stehen. „Darf ich dir dein neues Zuhause vorstellen?" Paulchen schaut sich um. Auf vielen Kletterbäumen sitzen **Papageien** in allen Farben.

„Zu-hause", krächzt der Vogel und fliegt auf einen dicken Ast. Das Papageiengehege ist nicht eingezäunt, sodass die Vögel im Zoo überall hinfliegen können. „Ich werde jetzt Futter für dich und die anderen holen. Du kannst dich inzwischen ein wenig umschauen", sagt Martin und verschwindet. Nach einer Weile kehrt er mit einem **Eimer** zurück. Darin sind **Körner, Mais** und **Nüsse**. Die Papageien kommen sogleich herbeigeflogen, auch Paulchen. „Schmeckt es dir?", will Martin wissen.

„Le-cker", krächzt dieser.
„Ich muss jetzt los. Die anderen Tiere haben auch Hunger, vor allem die Erdmännchen. Da gehe ich jetzt schnell hin, um sie zu füttern. Ich komme später wieder und bringe frisches Obst mit. Bis dann, Paulchen."
„Spä-ter", ruft der Papagei ihm hinterher. Sein neues Zuhause gefällt ihm und er beschließt, am nächsten Tag einige der anderen Tiere zu besuchen. Aber jetzt lässt er sich erst einmal sein Futter schmecken.

Paulchen

Material:

- leere Toilettenpapierrolle (Pappröhre)
- bunte Fingerfarbe
- Pinsel
- Tonkarton: weiß, schwarz, gelb, orange und nach Wunsch
- Schere
- Klebstoff
- Locher
- Bastelfedern

Konzentriert wird die Rolle bemalt.

Durchführung:

Für den Kopf:
Bereiten Sie ein gelbes, 4 x 4 cm großes Quadrat (Kopf) vor, einen weißen, 1 cm breiten Streifen (Augen) und einen schwarzen, 2,5 cm großen Kreis (Schnabel). Die Kleinen schneiden am Kopf alle vier Ecken ab. Vom weißen Streifen schneiden sie zwei Stücke als Augen ab und kleben schwarze Locherpunkte als Pupillen auf. Den Kreis halbieren sie, schneiden an einem Halbkreis ein Drittel ab und verwenden ihn als Schnabel. Die Einzelteile des Gesichtes setzen sie mit Klebstoff zusammen.

Für den Körper:
Die Kinder bemalen mit der Fingerfarbe ihrer Wahl die Papprolle und lassen sie trocknen. Den Kopf befestigen sie an der getrockneten Rolle.

Für die Füße und die Flügel:

Schneiden Sie ein orangefarbenes, 1,5 x 1,5 cm großes Quadrat für die Füße zu und legen Sie bunte Bastelfedern für die Flügel bereit. Die Kleinen schneiden das Quadrat diagonal durch, verwenden die beiden entstandenen Dreiecke als Füße und fixieren sie an der Rolle. Vier Bastelfedern wählen sie als Flügel aus und kleben sie seitlich an der Rolle fest. Fertig ist ein farbenfroher Papagei.

➳ Tipp:

Wenn der bunte Vogel fröhlich durch Ihren Gruppenraum flattern soll, befestigen Sie einfach ein Stück Nylonschnur mit Klebeband auf der Rückseite des Kopfes.

Mein Papagei wird kunterbunt.

Der Papagei

Verse sprechen …	Finger spielen …
Paulchen heißt der Papagei, macht hin und wieder gern Geschrei.	Laut „Krah, krah“ rufen
Hat bunte Flügel an sich dran, womit er prima fliegen kann.	Arme ausbreiten und auf- und abbewegen = Flugbewegungen
Paulchen hat, ihr könnt es glauben, auch zwei kleine, runde Augen.	Mit Fingern „zwei“ zeigen; auf Augen deuten
Und einen Schnabel, dass ihr's wisst, den hat er mitten im Gesicht.	Pantomimisch einen Schnabel andeuten
Zwei Krallenfüße hat er auch und einen Papageienbauch.	Alle zehn Finger leicht beugen = Krallen; mit der flachen Hand über den Bauch reiben
Er sitzt auch gern im Sonnenschein und ruht sich aus, denn das ist fein.	Finger einer Hand ausstrecken = Sonne; Kopf auf gefaltete Hände legen und Augen schließen

Den Papageien haben die Kinder lieb.

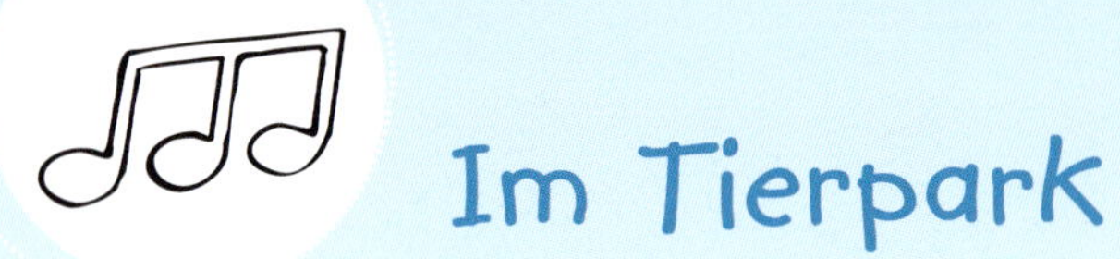

Im Tierpark

Melodie: traditionell, „Ein Vogel wollte Hochzeit machen“ | **Text:** Eva Danner

2.
Da fliegt ein bunter Papagei,
macht hin und wieder gern Geschrei.
Ja, er macht Geschrei. Ja, er macht Geschrei.
Ja, er macht so gern Geschrei.

3.
Der Löwe brüllt, hört euch das an,
so laut, wie er nur brüllen kann.
Hört euch das mal an. Hört euch das mal an.
Hört mal, wie er brüllen kann.

4.
Die Schlange schlängelt sich durchs Gras
und zischt dabei, das macht ihr Spaß.
Schlängelt sich durchs Gras.
Schlängelt sich durchs Gras.
Denn das macht ihr großen Spaß.

5.
Ein Affe turnt im Baum umher,
er ist geschickt und freut sich sehr.
Ja, er turnt umher. Ja, er turnt umher.
Ist geschickt und freut sich sehr.

6.
Der Seehund, der ist gar nicht dumm
und schwimmt im Wasser froh herum.
Ja, er ist nicht dumm. Ja, er ist nicht dumm.
Schwimmt im Wasser froh herum.

7.
Das Krokodil ist stumm und still,
weil es sich grade ausruhn will.
Ja, es ist ganz still. Ja, es ist ganz still,
weil es sich grad ausruhn will.

8.
Der Braunbär/Eisbär, der hat dickes Fell,
mit seinen Beinen rennt er schnell.
Er hat dickes Fell. Er hat dickes Fell.
Mit den Beinen rennt er schnell.

9.
Der Elefant ist groß und schwer,
mit seinem Rüssel trompetet er.
Er ist groß und schwer. Er ist groß und schwer.
Mit dem Rüssel trompetet er.

10.
Das Känguru hüpft auf und ab
und macht dabei so schnell nicht schlapp.
Es hüpft auf und ab. Es hüpft auf und ab
und es macht so schnell nicht schlapp.

Ananas

Paulchen Papagei liebt Ananasstückchen. Am liebsten würde er den ganzen Tag diese süße Frucht verspeisen. Deshalb hat er den Kindern heute ein Exemplar mitgebracht, das sie sich nun ganz genau anschauen dürfen.

Legen Sie die **Ananas** auf einen großen **Teller** und bedecken Sie die Blätter mit einem **grünen Tuch**, die Frucht mit einem **braunen**.

Entfernen Sie zuerst das grüne Tuch und zeigen Sie den Kleinen die grünen Blätter. Fragen Sie nach, ob jemand weiß, was das sein könnte.

Lassen Sie die Kinder die Blätter auch berühren und weisen Sie sie darauf hin, dass die Spitzen etwas piken. Stellen Sie Fragen, wie:

- ✓ „Was könnte das denn sein?"
- ✓ „Welche Farbe hat es?"
- ✓ „Hat jemand von euch schon einmal so etwas gesehen?"

Nun werden die Blätter wieder mit dem Tuch bedeckt, dafür aber der Fruchtstand der Ananas freigelegt. Geben Sie den Kindern auch hier ausreichend Zeit zum genauen Betrachten und Befühlen.

Fragen Sie nach, was das sein könnte, welche Farbe es hat oder wie es sich anfühlt. Wer möchte, darf auch einmal daran riechen.

Nun werden beide Tücher entfernt.

Stellen Sie die Ananas aufrecht hin und berichten Sie, worum es sich handelt. Wer möchte, darf die Frucht auch einmal festhalten. Die Kinder werden schnell feststellen, dass sie ziemlich schwer ist und man viel Kraft zum Festhalten benötigt.

Berichten Sie Ihren Jüngsten, dass man die Ananas essen kann, zuvor aber die ungenießbaren grünen Blätter und die Schale entfernen muss. Während Sie dies mit einem scharfen Messer übernehmen, schauen Ihnen die Kinder sicher mit Begeisterung zu.

Da sich im Inneren des Fruchtstandes eine faserige und harte Blütenstandsachse befindet, müssen Sie auch diese entfernen, bevor Sie Ihren Jüngsten die klein geschnittene Ananas zum Probieren anbieten können. Mehr als eine Kinderhand voll sollten die Kinder davon aber zunächst nicht kosten, da Ananas viel Säure enthält.

Eine spannende Sachbetrachtung zum Sehen, Fühlen, Riechen, Schmecken und Staunen.

Kira, das Känguru

Das Känguru ist ein Säugetier und zählt zu den Beuteltieren. Es gibt etwa 60–70 verschiedene Arten. Gleich sind bei allen Tieren die langen, kräftigen Hinterbeine, mit denen sie sich hüpfend vorwärtsbewegen, wie dies für Kängurus typisch ist. Ebenso charakteristisch ist ihr langer Schwanz, der als Stütze fungiert und der Balance dient. Sie haben im Vergleich zu den Hinterbeinen nur sehr kurze Vorderbeine mit Krallen. Ihr Fell ist kurz, ihre Schnauze lang und die Ohren recht groß. Die Größe variiert von Art zu Art und es sind dämmerungs- und nachtaktive Tiere. Tagsüber schlafen und dösen sie gern. Wenn Kängurus kämpfen oder sich verteidigen müssen, treten sie mit den Hinterbeinen, was sehr schmerzhaft sein kann. Es gibt Tiere, die als Einzelgänger leben, andere sind gesellig und bevorzugen das Zusammensein mit Artgenossen. Bei der Geburt wiegt ein Känguru etwa 1g und ist 1–3cm groß. Das winzige, nackte Baby krabbelt mittels seines Geruchssinns in den Beutel der Mutter, wo es neun Monate verbringt, bis es vollständig entwickelt ist. Kängurus sind Pflanzenfresser, die oft wenig trinken. Die benötigte Menge Flüssigkeit beziehen sie aus Wurzeln, die sie kauen. Die außergewöhnlichen Tiere können bis zu zwölf Jahre alt werden.

Gestatten: Kira und Klara Känguru

In einer Geschichte lernen die Kinder das Känguru Kira kennen und erfahren etwas über das Leben dieser Tiere.

Ein fröhliches Lied animiert die Kleinen zum Mitsingen und Bewegen.

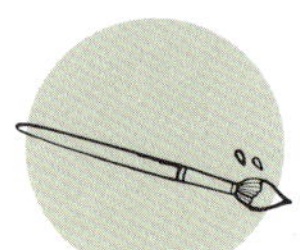

Jedes Kind darf aus einem Teefilter, Papier und Farbe ein tolles Känguru gestalten.

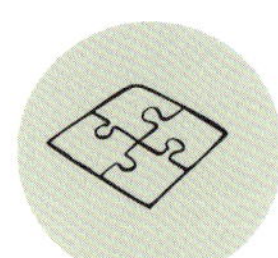

Ein Tastkim schult das taktile Empfinden und fördert die Begriffsbildung der Kinder.

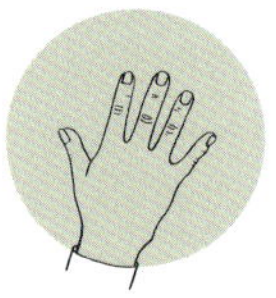

Ein Bewegungsspiel berichtet von einem Känguru und die Kinder verbessern ihre Sprache und Koordination.

Kira, das Känguru

Das brauchen Sie

- ✓ Martin (als Figur oder aus Papier)
- ✓ Papagei Paulchen (als Figur oder aus Papier)
- ✓ Gehege (braunes Tuch)
- ✓ Känguru (als Figur oder aus Papier)
- ✓ Baum (aus Papier)
- ✓ Wurzeln (oder Äste)
- ✓ Felsen (große Steine oder graue Tücher über Kisten legen)
- ✓ Büsche (aus Papier oder grüne Tücher über Kisten legen)
- ✓ Kängurubaby (als Figur oder aus Papier)

Die Geschichte

Es ist früh am Morgen, als **Martin**, der Tierpfleger, **Paulchen** einen Besuch abstattet. „Ich möchte dir jemanden vorstellen", sagt Martin und der Papagei flattert auf dessen Schulter. Dann gehen die beiden los. Irgendwann bleiben sie vor einem großen Gehege stehen. „Wir sind da. Darf ich vorstellen: Kira und Klara." Paulchen schaut in das **Gehege** hinein. Vor ihm sitzt ein sonderbares Tier. Es ist braun, hat zwei große Ohren, einen kräftigen Schwanz und lustige Beine. Die hinteren beiden sind ziemlich lang, die vorderen Beine ziemlich kurz, was merkwürdig aussieht. Und an seinem Bauch ist ein komischer Beutel dran. „Hallo, Kira", sagt Martin. „Kira ist ein **Känguru**", erklärt er.

„Kän-gu-ru", wiederholt der Papagei.

„Genau", bestätigt der Tierpfleger und streichelt diesem über den Kopf.

„Kla-ra?", krächzt Paulchen.

„Klara hat sich versteckt. Sie ist ein wenig schüchtern. Willst du nachsehen, ob du sie finden kannst?" Der Vogel fliegt los. Er liebt es, Verstecken zu spielen, ganz gleich ob er sich verstecken oder suchen muss. Zuerst sieht er hinter einem **Baum** nach. Doch da ist niemand. Dann hat er viele **Wurzeln** entdeckt. Aber dort ist Klara nicht. Auch zwischen **Felsen** und hinter **Büschen** findet er sie nicht. Enttäuscht fliegt er zu Martin zurück. Da streckt plötzlich jemand seinen Kopf aus dem Kängurubeutel heraus. Mit großen Ohren und einem freundlichen Gesicht, das den verdutzten Papagei anschaut. „Das ist Klara, das **Kängurubaby**. Es wohnt in Kiras Beutel, bis es groß ist. Dann wird es herausklettern und selbst herumhüpfen", erklärt Martin. Jetzt fliegt Paulchen ganz nah an Klara heran. Neugierig betrachtet er das Kängurukind. Doch als er es vorsichtig mit dem Schnabel berührt, ist es – zack! – wieder im Beutel verschwunden. „Krah, krah", macht Paulchen, flattert zu Martin und krabbelt unter dessen Mantel. „Paulchen! Was machst du denn da? Komm wieder raus, du bist doch kein Känguru!" Doch der Papagei denkt überhaupt nicht daran. Still bleibt er, wo er ist, unter Martins Mantel. „Na, schön. Dann muss dein Frühstück heute wohl ausfallen. Unter meinem Mantel kannst du kein leckeres Obst knabbern." Kaum, dass Martin dies gesagt hat, kommt Paulchen wieder heraus. „Früh-stück", krakeelt er laut und fliegt los. Ein köstliches Essen hat sich der bunte Vogel noch nie entgehen lassen. „Dann bis zum nächsten Mal, ihr beiden!", ruft Martin den Kängurus zu. Doch davon bekommt Paulchen schon nichts mehr mit. Sein Weg führt ihn geradewegs zu seinem Kletterbaum, wo er es kaum erwarten kann, ein Stück Apfel, Melone oder eine süße Ananas zu verspeisen.

Kira

Material:

- ✓ Teefilter (ca. 8,5 x 18 cm)
- ✓ braune Fasermaler
- ✓ Pipette
- ✓ Schüssel mit Wasser
- ✓ wasserfeste Unterlage
- ✓ Füllwatte
- ✓ Tonkarton: weiß, braun, schwarz
- ✓ Schere
- ✓ Locher
- ✓ Klebstoff
- ✓ Klebeband

Konzentriert wird geschnitten und geklebt.

Durchführung:

Für den Kopf:
Bereiten Sie ein braunes, 4 x 6 cm großes Rechteck vor (Kopf) sowie zwei 2 x 4 cm große Rechtecke (Ohren). Für die Augen fertigen Sie einen weißen, 1 cm breiten Streifen an, für die Nase einen schwarzen. Die Kleinen schneiden am Kopf auf einer schmalen Seite die Ecken geringfügig, auf der anderen Seite großzügiger ab. Die Ohren schneiden sie jeweils auf einer schmalen Seite spitz zu. Vom weißen Streifen schneiden sie zwei Stücke für die Augen ab und kleben schwarze Locherpunkte als Pupillen auf.

Vom schwarzen Streifen schneiden sie ein Stück als Nase ab. Die Einzelteile des Gesichtes setzen die Kinder mit Klebstoff zusammen.

Für den Körper:
Die Kleinen bemalen die Teefiltertüte mit den braunen Fasermalern. Anschließend legen sie diese auf die wasserfeste Unterlage und befeuchten sie mit der Pipette. Sobald die Farbe mit dem Wasser

Auch das Färben macht viel Spaß.

in Berührung kommt, blutet sie aus und färbt den Filter braun. Diesen lassen Sie trocknen, bevor Sie ihn mit Füllwatte füllen, oben zusammendrehen und mit einem Stück Klebeband verschließen.

Für Arme, Beine, Schwanz und Beutel:
Schneiden Sie zwei braune, 6 x 1,5 cm große Rechtecke zu (Arme), zwei 3 x 7 cm große Rechtecke (Füße), einen 18 x 1,5 cm langen Streifen (Schwanz) und ein 4 x 5 cm großes Rechteck (Beutel). Die Kinder schneiden an den Armen und Füßen sowie am Beutel auf jeweils einer schmalen Seite beide Ecken ab. Den Schwanz schneiden sie auf einer schmalen Seite schräg zu. Die Einzelteile des Körpers sowie den Kopf befestigen die Kleinen am Bauch und fertig ist ein fröhlich hüpfendes Känguru.

Das Beuteltier

Verse sprechen ...	**Finger spielen ...**
Komm doch mal mit, ich zeige dir, ein liebes, kleines Beuteltier.	Mit der Hand jemanden zu sich herwinken
Es hat vier Beine, stark und lang, womit es prima hüpfen kann.	Auf die Beine deuten; hüpfen
Den ganzen Tag hat es viel Spaß und frisst auch gerne grünes Gras.	Pantomimisch Gras knabbern
Am Abend will es seine Ruh, das liebe, kleine Känguru.	Den Kopf auf die gefalteten Hände legen; Augen schließen

Hier springt Kira vorbei.

Kommt das Känguru

Melodie: traditionell, „If you're happy" | **Text:** Eva Danner

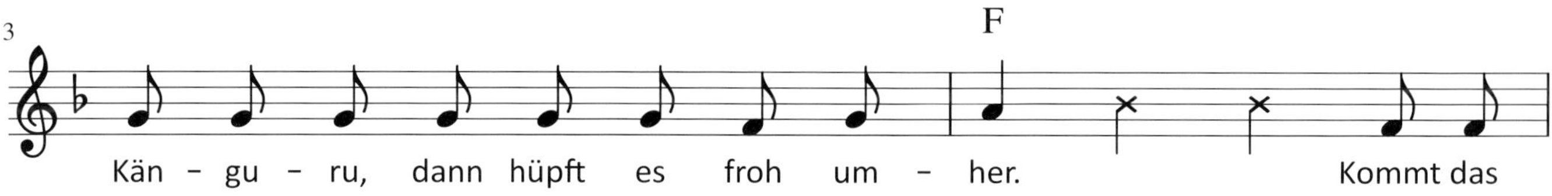

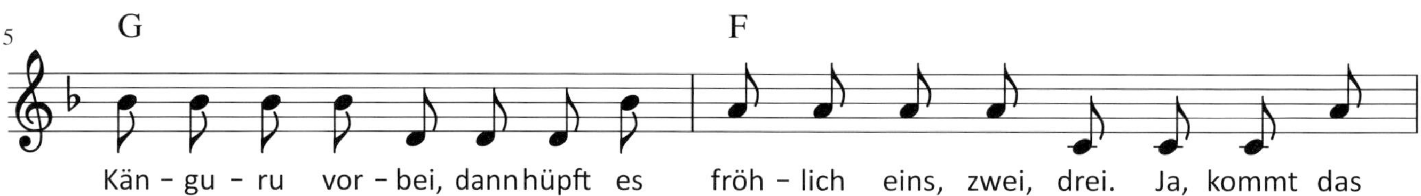

2.
Unser Känguru hat Hunger jeden Tag.
Unser Känguru hat Hunger jeden Tag.
Es frisst Kräuter und auch Gras,
knabbert Blätter so zum Spaß.
Unser Känguru hat Hunger jeden Tag.

3.
Einen Beutel hat das Känguru ja auch.
Einen Beutel hat das Känguru ja auch.
Darin schläft die ganze Nacht,
das kleine Kind, wer hätt's gedacht?
Einen Beutel hat das Känguru ja auch.

4.
Spät am Abend geht das Känguru dann heim.
Spät am Abend geht das Känguru dann heim.
Legt sich müde dann zur Ruh,
unser liebes Känguru.
Spät am Abend geht das Känguru dann heim.

➳ Tipp:

Denken Sie sich gemeinsam mit den Kindern passende Bewegungen zu dem Lied aus.

Tastspiel Känguru-Beutel

Die Kinder haben inzwischen erfahren, dass das Baby des Kängurus im Beutel seiner Mama schläft. In Anlehnung daran bietet es sich an, mit einem handelsüblichen **Jutesack** (oder einem anderen blickdichten Beutel) ein spannendes Tastspiel zu gestalten.

Was in dem Beutel versteckt sein soll, entscheiden Sie. Wir haben uns für **verschiedene exotische Tiere**, wie Elefant, Löwe, Tiger etc., entschieden, die aus **unterschiedlichen Materialien** bestehen. Manche sind aus Stoff, andere aus Holz und wiederum andere aus Kautschuk. Auf diese Weise können Ihre Jüngsten beim Fühlen und Tasten verschiedene Materialien erspüren. Einige sind hart, andere wiederum kuschelig weich. Es gibt glatte und raue Oberflächen; je nach Beschaffenheit des Materials ist dessen Haptik ganz unterschiedlich.

Legen Sie vor Spielbeginn die Tiere oder Ihre ausgewählten anderen Objekte in den Beutel und schon kann es losgehen. Die Kinder fassen hinein und erspüren, was sich darin befindet. Die kindliche Neugier weckt das Interesse und animiert zum Hineingreifen.

Schon während des Tastens können die Kinder überlegen, worum es sich handeln könnte. Stellen Sie Fragen, wie:

- ✓ „Ist etwas in dem Beutel drin?“
- ✓ „Ist es weich oder hart?“
- ✓ „Klein oder groß?“
- ✓ „Was könnte es sein?“

Was hat Kira denn dabei?

Dann ziehen die Kleinen eines der Tiere heraus und gemeinsam wird überlegt, wie dieses heißt.

Dieses Spiel fördert neben der taktilen auch die visuelle Wahrnehmung. Begriffsbildung und Sprachentwicklung werden ganz nebenbei geschult. Natürlich macht es auch jede Menge Spaß, in den Beutel zu fassen und etwas herauszuholen. Ein Tastspiel, bei dem Spannung und Spaß garantiert sind! Probieren Sie es aus!

Konrad, das Krokodil

Krokodile zählen zu den Reptilien und zu der ältesten Tiergruppe auf unserem Planeten. Ihr Körper ist lang und flach und ihre vier Beine relativ kurz. Die Vorderbeine haben fünf Zehen, von denen drei mit Krallen ausgestattet sind. Die Hinterbeine besitzen nur vier Zehen, die jedoch über Schwimmhäute verfügen. Krokodile haben einen langen Schwanz und können schnell rennen. Ihre Augen sind weit oben am Kopf und die beiden Nasenöffnungen sitzen vorn an der Schnauze. Ihre Haut besteht wie ein Schuppenpanzer aus vielen Hornplatten, weshalb man die Tiere auch Panzerechsen nennt. Sie haben messerscharfe Zähne in ihrem Maul, die immer wieder nachwachsen, sobald einer ausfällt. Mit ihnen können sie jedoch nicht kauen, sondern lediglich ihre Beute packen, festhalten und große Stücke aus ihr herausreißen, welche sie sofort verschlingen. Es gibt insgesamt 23 Arten, die sich in drei Familien unterteilen: Gaviale, Echte Krokodile und Alligatoren. Die unterschiedlichen Tiere unterscheiden sich deutlich in der Größe voneinander. So variiert die Spanne von 1–9 m Körperlänge. Die als Einzelgänger lebenden Krokodile sind geschickte Jäger, die überwiegend nachts jagen und ihre Beute unter Wasser ziehen. Die wechselwarmen Tiere fühlen sich sowohl im Wasser als auch an Land wohl. Ihr Nachwuchs schlüpft aus Eiern, die sie in sog. „Hügelnester" aus verrottetem Pflanzenmaterial oder in Bodengruben legen. Ob der Nachwuchs männlich oder weiblich wird, hängt von der Nesttemperatur ab. Bei geringerer Wärme reifen Weibchen heran, bei höherer Temperatur entwickeln sich die männlichen Tiere. Frisch geschlüpfte Jungtiere werden im Maul der Mutter zum Wasser getragen. Ihre Verständigungslaute sind so tief, dass sie für den Menschen nicht wahrnehmbar sind. Krokodile sind Fleischfresser, die in der Regel nur einmal in der Woche ein Beutetier verspeisen.

Gestatten: Konrad Krokodil

In einer Geschichte erfahren die Kinder Wissenswertes über das Leben von Krokodilen.

Ein Lied animiert zum Mitsingen und schult die Musikalität.

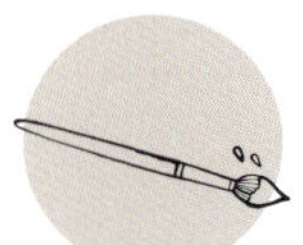

Jedes Kind kann aus Papier und Trinkhalmen ein tolles Krokodil gestalten.

Die Kleinen können echte Krokodile aus der Nähe betrachten.

Ein Sprechvers verbessert Sprache und Rhythmusgefühl der Kinder.

Konrad, das Krokodil

Das brauchen Sie

- ✓ Paulchen (als Figur oder aus Papier)
- ✓ Gehege (grünes Tuch)
- ✓ Bäume (aus Papier oder Holz)
- ✓ Bach (blaues Tuch)
- ✓ See (aus Papier oder blaues Tuch)
- ✓ Zaun (aus Papier oder konstruieren)
- ✓ Krokodil (als Figur aus Rinde gestalten)

Die Geschichte

Paulchen hat ein **Gehege** entdeckt, in dem offenbar niemand lebt. Dort wachsen **Bäume** und andere Pflanzen, ein schmaler **Bach** schlängelt sich umher und ein kleiner, flacher **See** ist zu sehen. Alles sieht schön und friedlich aus. Trotzdem ist das Gehege von einem hohen **Zaun** umgeben.

„Ko-misch", krächzt Paulchen.

Dicht am Ufer liegt ein großes Rindenstück, auf dem der Papagei landet. Doch plötzlich wackelt die Rinde und Paulchen muss sich mit seinen Krallen gut festhalten, um nicht herunterzufallen. „Hil-fe!", krakeelt er. Nachdem er sich vom ersten Schreck erholt hat, flattert er von der Rinde herunter und schubst sie mit seinem kräftigen Schnabel an. Und dann geschieht das Unfassbare: Das Rindenstück sieht den Vogel mit großen Augen an. Paulchen hat es vor Schreck die Sprache verschlagen. Dann öffnet die große Rinde ihren Mund und unzählige spitze Zähne kommen zum Vorschein. „W-w-was b-b-bist d-d-du denn?", stottert der Papagei.

„Was ich bin? Es muss ja wohl eher heißen, wer ich bin!", antwortet es.

„D-d-du b-b-bist ein R-R-Rin-den-stück", stottert Paulchen.

„Ein Rindenstück? Ha, ha, ha! Das ist das Lustigste, was ich je gehört habe. Schau mich doch einmal genauer an. Ich habe einen langen Körper, vier kurze, aber sehr kräftige Beine mit scharfen Krallen daran, einen Schwanz, zwei Augen, viele messerscharfe Zähne und mein gesamter Körper ist von einem Schuppenpanzer umgeben. Denkst du immer noch, dass ich ein Rindenstück bin?"

Paulchen überlegt, weiß aber nicht, was er antworten soll.

„Ich bin ein **Krokodil**", erklärt das fremde Tier.

„Ein Kro-ko-dil?"

„Ja, mein Name ist Konrad und ich bin hier im Krokodilgehege zu Hause."

„Vorhin, als du dich nicht bewegt hast, dachte ich, du wärst ein Stück Baumrinde", gibt Paulchen zu.

„Ja, man kann mich sehr leicht mit einem Rindenstück oder einem Baumstamm verwechseln. Aber nur, wenn ich still irgendwo herumliege. Sobald ich die Augen öffne oder meine Zähne zeige, nehmen die meisten schnell Reißaus", erzählt Konrad.

„Ich fürchte mich nicht", erwidert Paulchen. „Außerdem kann ich jederzeit davonfliegen, falls ich doch Angst bekomme."

Und zum Beweis flattert er auf einen Baum. „Du hast Recht", bestätigt Konrad. „Wenn du willst, kannst du gern öfter vorbeikommen. Ich freue mich immer über Besuch. Denn wie gesagt, die meisten haben Angst vor mir und wollen lieber nicht mit einem Krokodil befreundet sein."

„Ich komme gern wieder, aber jetzt muss ich los. Es gibt gleich Abendessen. Sicher sucht mich Martin schon. Also bis bald, Konrad", krächzt der Papagei und fliegt davon.

Und als er über das Krokodilgehege fliegt, ist ihm klar, warum ein hoher Zaun drumherum gebaut ist: Schließlich ist Konrad ein Krokodil mit messerscharfen Zähnen und kein Rindenstück. Und nicht alle, die im Tierpark unterwegs sind, haben Flügel so wie Paulchen.

Konrad

Material:

- ✓ Tonkarton: dunkelgrün, hellgrün, weiß, schwarz, rot
- ✓ 4 grüne Trinkhalme
- ✓ Schere
- ✓ Klebstoff
- ✓ Klebeband
- ✓ Locher

Basteln ist toll!

Durchführung:

Fertigen Sie ein dunkelgrünes, 26 x 6 cm großes Rechteck an (Bauch) sowie einen 12 cm großen Kreis (Kopf). Bereiten Sie weiterhin einen roten, 4 cm großen Kreis vor (Mund), zwei weiße, 1,5 x 2 cm große Rechtecke (Augen), ein weißes, 1,5 x 1 cm großes Rechteck (Zähne) und drei hellgrüne, 3 x 3 cm große Quadrate (Zacken).

Die Kinder schneiden auf einer schmalen Bauchseite eine Ecke großzügig ab. Den grünen und roten Kreis halbieren sie und verwenden je eine Hälfte als Kopf und Mund. An den Augen schneiden sie auf jeweils einer schmalen Seite beide Ecken ab und kleben schwarze Locherpunkte als Pupillen auf. Das kleine, weiße Rechteck schneiden die Kleinen diagonal durch und verwenden die beiden entstandenen Hälften als Zähne. Die Einzelteile des Kopfes setzen sie mit Klebstoff zusammen und befestigen diesen am Bauch. Die hellgrünen Quadrate schneiden sie diagonal durch und verwenden alle sechs entstandenen Dreiecke als Zacken. Diese fixieren sie von hinten am Körper.

Für die Füße schneiden die Kinder jeden Trinkhalm so zu, dass auf beiden Seiten der „U-Biegung" etwa 2 cm übrig bleiben. Die Füße befestigen sie mit Klebeband auf der Rückseite. Fertig ist ein fröhliches, grünes Krokodil.

Mein Krokodil wird super!

Das Krokodil

1.
Kro-ko-dil
weiß im-mer, was es will.
Liegt gern im war-men Son-nen-schein
und träumt da-bei vom Glück-lich-sein.
Kro-ko-dil,
weiß im-mer, was es will.

2.
Kro-ko-dil
frisst meis-tens ziem-lich viel.
Hat vie-le Zäh-ne spitz und lang,
wo-mit es pri-ma bei-ßen kann.
Kro-ko-dil
frisst meis-tens ziem-lich viel.

3.
Kro-ko-dil,
am A-bend ist es still.
Dann legt es sich ganz schnell zur Ruh
und macht die klei-nen Au-gen zu.
Kro-ko-dil,
am A-bend ist es still.

➻ Anmerkung:

Dies ist ein rhythmischer Sprechvers und wird auch als solcher gesprochen. Sie können in Tempo und Lautstärke variieren oder dazu klatschen oder patschen und auf diese Weise Sprache mit Bewegung verknüpfen.

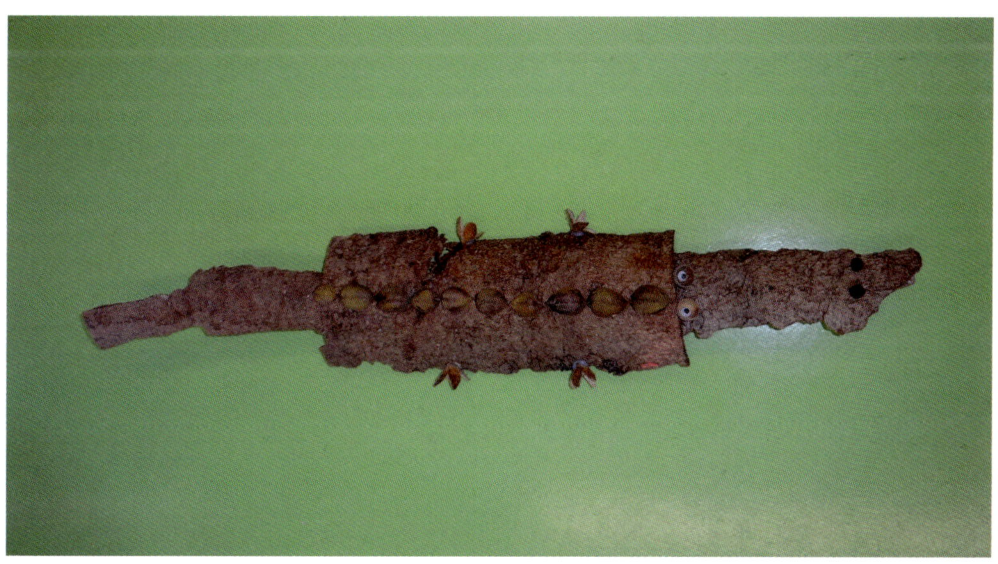

Konrad ist spitze!

Konrad heißt das Krokodil

Melodie: traditionell, „Brüderchen, komm tanz mit mir“ | **Text:** Eva Danner

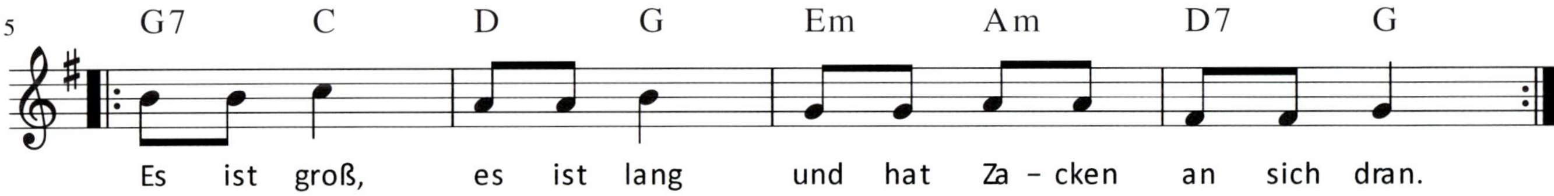

2.
Konrad heißt das Krokodil.
Es weiß immer, was es will.
II: Es ist grün an dem Bauch
und an seinen Füßen auch. :II

3.
Konrad heißt das Krokodil.
Es weiß immer, was es will.
II: Sieh mal an, was es kann,
mit den Zähnen spitz und lang. :II

4.
Konrad heißt das Krokodil.
Es weiß immer, was es will.
II: Liegt im Gras mit der Nas
und das einfach nur zum Spaß. :II

5.
Konrad heißt das Krokodil.
Es weiß immer, was es will.
II: Glaube mir, ich sag dir:
Konrad ist ein tolles Tier. :II

Krokodile live

Um den Kindern echte Krokodile oder kleine Alligatoren einmal zu zeigen, bietet sich der Besuch in einem Zoologischen Garten an. Hier haben Ihre Jüngsten die Möglichkeit, diese Panzerechsen live zu betrachten, was sie sicher begeistern wird.

Wer schaut da aus dem Wasser raus?

In den geräumigen Terrarien können die Tiere ausgiebig beobachtet werden, wie sie sich im Wasser schwimmend vorwärtsbewegen. Schließlich ist es etwas ganz anderes, diese Tiere in natura zu sehen, als sie nur in Büchern zu betrachten.

Fasziniert betrachten die Kinder das Krokodil.

Wenn die Krokodile an Land sitzen, können Sie Ihren Jüngsten diese besonders gut zeigen. Weisen Sie die Kinder auf den Rückenpanzer hin, auf ihre flache Schnauze mit den vielen spitzen Zähnen und den langen Schwanz.

Konrad schaut zu mir herüber.

Nutzen Sie die Gelegenheit, den Kleinen Wissenswertes über das Leben und die charakteristischen Verhaltensweisen dieser Tiere zu berichten. Sie werden staunen, wie interessiert bereits Krippenkinder daran sind.

Toll, so ein echtes Krokodil!

Sandra, die Schlange

Schlangen zählen zu den Reptilien und zur Ordnung der Schuppenkriechtiere. Es gibt unzählige Arten, die in Gift- und Würgeschlangen unterteilt sind. Ihre Körpertemperatur ist von der Umgebung abhängig, weshalb man die Tiere als wechselwarm bezeichnet. Schlangen haben einen langen, beinlosen Körper und bewegen sich dementsprechend schlängelnd, durch Muskelkontraktion, vorwärts. Sie sind ebenfalls hervorragende Schwimmer und fühlen sich auch in den Ästen und Zweigen der Bäume wohl. Die sich in Farben und Größe unterscheidenden Tiere haben eine schuppige Haut, die aus unzähligen Hornschuppen besteht. Diese Haut schützt die Tiere vor Sonne und Austrocknung. Da sie jedoch nicht mitwächst, streifen die Tiere diese regelmäßig ab. Sie häuten sich und was dabei übrig bleibt, bezeichnet man allgemein als „Schlangenhemd". Die einzelgängerischen Schlangen haben keine Augenlider, jedoch eine gespaltene Zunge, mit der sie selbst feinste Duftspuren wahrnehmen können. Zusätzlich riechen sie mit der Nase und können leichteste Erschütterungen spüren. Ihr Gehör ist schlecht entwickelt und auch der visuelle Sinn nur mäßig ausgeprägt. Es gibt sowohl tag- als auch nachtaktive Schlangen. Identisch bei allen Tieren ist die Tatsache, dass ihre Zähne nachwachsen, sobald sie einen verlieren. Mit den Zähnen halten die Schlangen ihre Beute fest, Giftschlangen verfügen zusätzlich über Giftzähne. Die Beute verschlingen sie in einem Stück, was durch ihren nicht miteinander verwachsenen Ober- und Unterkiefer möglich ist. Ihr Maul lässt sich durch diese Besonderheit extrem weit öffnen, sodass Schlangen Tiere verschlingen können, die um einiges größer als sie selbst sind. Die Fleischfresser verspeisen sowohl lebende als auch tote Tiere. Schlangen legen ihre Eier an einem warmen Ort ab, bis die Jungtiere ausschlüpfen. Es gibt auch Arten, bei denen die Eier im Körper heranreifen und der Nachwuchs lebend zur Welt kommt.

Gestatten: Sandra Schlange

In einer Geschichte erfahren die Kinder, wie und warum sich Schlangen häuten.

Die Kleinen nehmen eine echte Schlangenhaut unter die Lupe.

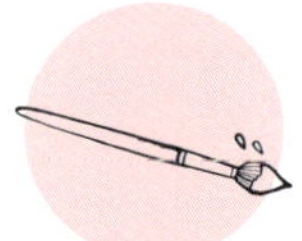

Jedes Kind darf eine Schlange aus Teefiltern gestalten.

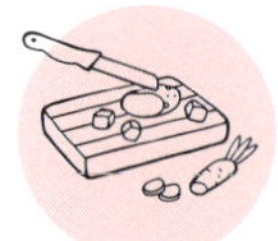

Die Kinder bereiten aus einer Gurke eine Schlange zu.

Ein Fingerspiel berichtet von einer Schlange und verbessert die Sprache der Kinder.

Sandra, die Schlange

Das brauchen Sie

- ✓ Paulchen (als Figur oder aus Papier)
- ✓ (Glas-)Kiste
- ✓ Pflanzen (aus Papier oder echt)
- ✓ Äste
- ✓ Martin (als Figur oder aus Papier)
- ✓ Schlangenhaut (echt oder aus Stoff anfertigen)
- ✓ Schlange (aus Papier oder als Figur)

Die Geschichte

Es ist schon spät und die Besucherinnen und Besucher haben den Tierpark bereits verlassen. **Paulchen** will seine Freundin Sandra besuchen. Sandra ist eine Schlange und wohnt im Reptilienhaus. Das ist ein Gebäude mit vielen Fenstern und unzähligen Kisten aus Glas, die man Terrarien nennt. In manchen von ihnen wohnen Schlangen, in anderen Spinnen, Echsen und Chamäleons. In der größten **Kiste** lebt Sandra. Viele **Pflanzen** sind darin. Auch dicke **Äste** zum Ausruhen und Herunterschlängeln liegen dort. Doch heute kann Paulchen seine Freundin nirgendwo sehen. Irgendwann jedoch macht er eine schlimme Entdeckung: Am Boden der Kiste liegt Sandra. Sie bewegt sich nicht, liegt einfach nur so da. Paulchen klopft mit dem Schnabel gegen die Scheibe. Doch die Schlange bleibt liegen. Da klopft er noch einmal. Aber sie bewegt sich nicht. Offenbar ist sie krank. Sie sieht ganz dünn aus, als hätte sie zu wenig gegessen. So schnell er kann, fliegt Paulchen zu **Martin**. „Hil-fe!", krakeelt er schon von Weitem.

„Was ist denn passiert?"

Paulchen zieht mit dem Schnabel an Martins Jacke. „Du willst, dass ich mitkomme?", fragt der Tierpfleger und eilt dem aufgeregten Papageien hinterher. Erst vor Sandras Kiste hält dieser an. „Krank!", krächzt er und klopft mit dem Schnabel gegen die Scheibe. Jetzt bemerkt Martin, weshalb sein Freund so aufgebracht ist. „Keine Sorge, Sandra geht es gut."

„Krank!", ruft der Papagei erneut.

„Nein, sie ist nicht krank. Was du siehst, ist nicht Sandra. Es ist nur ihre Haut!"

Und dann öffnet er das Terrarium und holt die **Schlangenhaut** heraus. „Sieh her! Sandra ist gewachsen und ihre Haut war ihr zu eng. Da hat sie diese einfach ausgezogen!" Da hören die beiden ein leises Zischen. „Zzzzzzzzz", macht es und eine große **Schlange** kommt zum Vorschein. Sie schimmert in allen Farben und mit ihrer langen Zunge macht sie dieses Geräusch. „Hallo, Sandra!", begrüßt Martin sie. „Paulchen hat sich Sorgen um dich gemacht. Er dachte, du bist krank!"

„Zzzzzz", zischt Sandra leise. Sie ist eine Regenbogenboa, deshalb leuchtet sie auch in allen Farben. „Schau, Paulchen! Sandra ist soooo groß und die Haut hier ist soooo klein! Wenn Schlangen wachsen, dann wird ihnen ihre Haut zu eng und sie müssen sie ausziehen wie ein Hemd oder eine Hose. Mit der neuen Haut können sie sich dann wieder besser bewegen. Aber jetzt lassen wir sie allein, damit sie sich ausruhen kann", sagt Martin, „Es war klug, dass du mich geholt hast. Außerdem habe ich noch nie eine so schöne Schlangenhaut gesehen. Ich werde sie mitnehmen. Und zur Belohnung bekommst du ein Stück Ananas."

„A-na-nas", krächzt Paulchen. Und dann macht sich Martin auf den Weg, mit einer Schlangenhaut in der Hand und einem Papagei auf der Schulter.

Sandra

Material:

- 2 Teefiltertüten (ca. 8,5 x 18,5 cm)
- bunte Fasermaler
- Pipette
- wasserfeste Unterlage
- Schüssel mit Wasser
- Füllwatte
- Klebeband
- Klebstoff
- Schnur
- Schere
- Tonkarton: weiß, rot, schwarz und nach Wunsch
- Locher

Ich bastle eine tolle Schlange.

Durchführung:

Für den Kopf:

Bereiten Sie für den Kopf ein 5 x 4 cm großes Rechteck in der Wunschfarbe der Kinder vor. Für die Augen schneiden Sie einen weißen, 1 cm breiten Streifen zu und für die Zunge ein rotes, 1 x 5 cm großes Rechteck. Die Kleinen schneiden am Kopf auf einer schmalen Seite die Ecken geringfügig, auf der anderen Seite großzügiger ab. Vom weißen Streifen schneiden sie zwei Stücke als Augen ab und kleben schwarze Locherpunkte als Pupillen auf. Die Zunge schneiden sie auf einer schmalen Seite spitz zu. Die Einzelteile des Kopfes setzen sie mit Klebstoff zusammen. Damit die Schlange gut „züngeln" kann, können Sie die Zunge über die geschlossene Schneide einer Schere ziehen. Auf diese Weise wird die Zungenspitze leicht nach oben gebogen, was einen plastischen Effekt erzeugt.

Konzentriert werden die Filter gefärbt.

Für den Körper:

Die Kinder bemalen beide Teefilter mit den gewünschten Fasermalern. Anschließend legen sie diese auf die wasserfeste Unterlage und befeuchten sie mit der Pipette. Sobald die Farben mit dem Wasser in Berührung kommen, bluten sie aus und hinterlassen wunderschöne Farbverläufe. Die nassen Filter lassen Sie trocknen. Um einen plastischen Effekt zu erzielen, werden die beiden Filtertüten mit Füllwatte gefüllt und mithilfe des Klebebands zu einer langen Rolle zusammengesetzt. Anschließend binden Sie die Teefilterrolle mit einer Schnur an verschiedenen Stellen ab. Den Kopf befestigen die Kinder am Bauch und fertig ist Sandra, eine farbenfrohe Schlange.

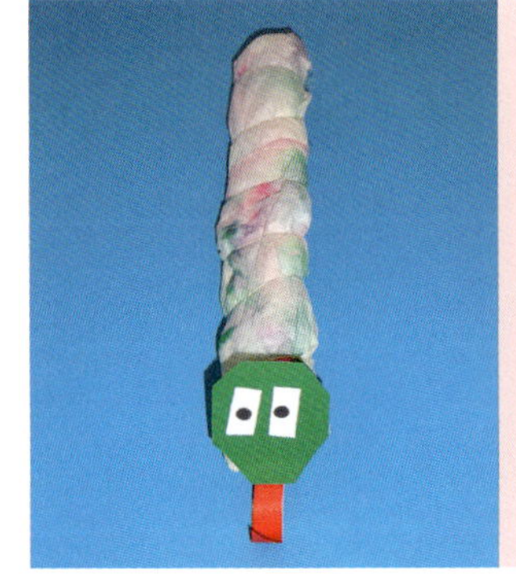

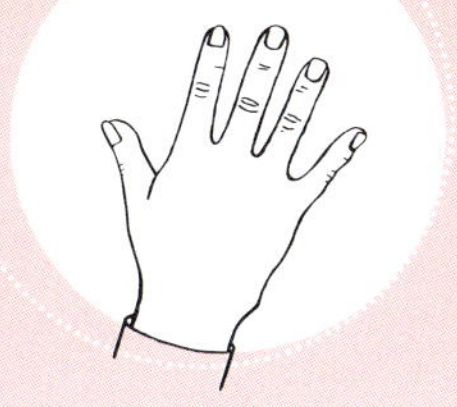

Die Schlange

Verse sprechen ...	Finger spielen ...
Die Schlange, ja, wer hätt's gedacht? Die ist gerade aufgewacht.	Gähnen; Augen reiben
Sie ist ganz dünn und ziemlich lang, hat weder Arm' noch Beine dran.	Hände streichen über den Körper
Auch Flügel hat die Schlange nicht, nur eine Zunge im Gesicht.	Arme als Flügel bewegen und Kopf schütteln; Zunge rausstrecken
Sie zischt damit, hör doch mal zu und schlängelt leise auf dich zu.	Zischen; beide Handflächen aufeinanderlegen und schlängelnd hin- und herbewegen
Dann kriecht sie weiter auf nen Ast, dort macht die Schlange nämlich Rast.	Beide Handflächen aufeinanderlegen und schlängelnd hin- und herbewegen
Versteckt sich unter einem Blatt, damit sie ihre Ruhe hat.	Hände verschwinden hinter dem Rücken

Schlangenhaut

Bereits in der Geschichte haben die Kinder etwas über das Wachstum von Schlangen erfahren. Da bietet es sich an, ihnen in einer spannenden Sachbetrachtung eine echte **Schlangenhaut** zu zeigen.

Vielleicht kennen Sie jemanden in Ihrem Umfeld, der Reptilien als Haustiere besitzt und Ihnen eine Haut zur Verfügung stellen kann, oder Sie fragen in einem Zoo oder Reptilium nach.

Legen Sie die Schlangenhaut in eine **Kiste** und lassen Sie die Kleinen diese zunächst betrachten. Zeigen Sie ihnen die Schuppen, welche auf der Haut deutlich zu sehen sind, und berichten Sie ihnen, dass die alte Schlangenhaut wie ein Abdruck ist, auf welchem das Muster der Schlange zu sehen ist.

Wer möchte, darf die Haut vorsichtig mit den Fingern berühren. Weisen Sie die Kinder darauf hin, dass diese sehr empfindlich ist und man behutsam sein muss, um sie nicht zu beschädigen.

Zeigen Sie den Kleinen den Kopf der Schlange und die Stellen, wo die Augen normalerweise zu sehen sind.

Um ihnen die Größe der Schlange besser zu verdeutlichen, legen Sie die Haut vorsichtig auf ein **Tuch**. Jetzt können Sie den Kindern, den Kopf und den Schwanz noch besser zeigen und jedes sieht, wie groß das Tier vor seiner Häutung nun tatsächlich war.

Erzählen Sie Ihren Jüngsten, dass die Haut bei Schlangen nicht mitwächst und sie diese deshalb ausziehen müssen, wenn sie größer werden. Ähnlich ist es bei den Kindern, die eine neue Hose oder einen neuen Pulli benötigen, weil die/der alte zu eng geworden ist. Der Pulli passt dann nicht mehr, er spannt und die Ärmel sind zu kurz. So ist es bei den Schlangen auch. Sie passen in ihre alte Haut einfach nicht mehr hinein und müssen sie deshalb ausziehen. Dabei streifen die Tiere die zu klein gewordene Haut ab, indem sie sich an harten und rauen Gegenständen reiben, bis die Haut aufreißt. Anschließend können die Tiere dann einfach herauskriechen. Sie haben nun ein neues Schuppenkleid und sind deutlich größer als zuvor.

Eine spannende Sachbetrachtung, die schon Kinder unter drei Jahren faszinierend und spannend finden.

Gurkenschlange

Zutaten:

- ✓ 1 Salatgurke (Bio-Qualität)
- ✓ Käse (am besten kleine, runde Stücke)
- ✓ 1 rote Paprika

Zusätzlich:

- ✓ Sparschäler
- ✓ Messer
- ✓ Schneidebrett
- ✓ Servierschale

Optional:

- ✓ gelbe Paprika
- ✓ Obst
- ✓ Brot

Zubereitung:

Waschen Sie die Salatgurke gründlich und entfernen Sie mithilfe des Sparschälers die Schale. Um ein schönes Muster zu erzielen, lassen Sie immer im Wechsel etwas grüne Schale übrig.

Nun schneiden Sie ein Stück Gurke für den Kopf ab und legen dieses zunächst zur Seite. Die Kinder dürfen jetzt mithelfen, die Salatgurke in Scheiben zu schneiden.

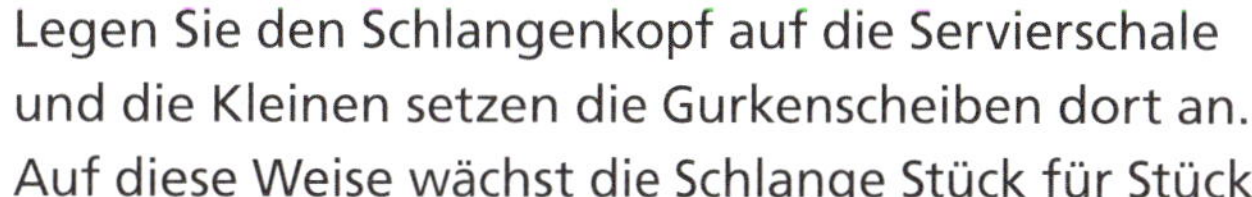

Legen Sie den Schlangenkopf auf die Servierschale und die Kleinen setzen die Gurkenscheiben dort an. Auf diese Weise wächst die Schlange Stück für Stück.

Schneiden Sie nun die Käsestücke so zurecht, dass sie gut zu den Gurkenscheiben passen. Die Kinder stecken jeweils ein Käsestück zwischen zwei Gurkenscheiben.

Schneiden Sie am Schlangenkopf eine Spalte für den Mund heraus und fertigen Sie aus der roten Paprika eine Zunge an, die Sie in den Mund hineinstecken. Als Augen verwenden Sie zwei kleine, rote Paprikastücke. Fertig ist eine leckere, gesunde Gurkenschlange.

Sie können die Schlange noch mit gelben Paprikastücken, Karottenscheiben und/oder verschiedenen Früchten dekorieren, je nach Vorlieben Ihrer Jüngsten. Die Kinder dürfen Ihnen auch hier beim Kleinschneiden helfen.

Obst und Gemüse legen die Kleinen um die Schlange herum.

Noch leckere Brotscheiben dazu und schon können sich alle am hübsch gedeckten Tisch ein köstliches „Schlangenfrühstück" schmecken lassen.

Guten Appetit!

Gisa, die Giraffe

Giraffen sind Säugetiere mit einem unglaublich langen Hals und vier langen Beinen, die hinten kürzer als vorn sind. Ihr Fell ist braun oder beige gefärbt und mit dunklen Mustern und Flecken versehen, welche sie in ihrem natürlichen Umfeld – der Savanne – prima tarnen. Auf dem Kopf tragen Giraffen ein kleines Geweih, das von einer dicken Haut, dem sog. „Bast", geschützt ist. Die tag- und nachtaktiven Wiederkäuer leben in Gruppen zusammen und können ein Alter von bis zu 25 Jahren erreichen. Die Tiere schlafen nur sehr wenig und bewegen sich sich beim Gehen im Passgang vorwärts. Das bedeutet, dass sie das rechte Vorder- und Hinterbein immer gleichzeitig nach vorn bewegen, was einen leicht schaukelnden Eindruck erzeugt. Dennoch können die friedlichen Giraffen eine Spitzengeschwindigkeit von bis zu 60 km/h erreichen. Als reine Pflanzenfresser ernähren sie sich hauptsächlich von Blättern, welche sie durch ihren langen Hals selbst von den höchsten Baumkronen abrupfen können. Denn mit ihrer etwa 40 cm langen Zunge ist dies ein Kinderspiel. Ihr Maul ist von einer dicken Hautschicht geschützt, sodass Giraffen selbst Dornen verspeisen können. Das Trinken ist da schon etwas komplizierter, da die Tiere ihre Vorderbeine spreizen müssen, um mit dem Kopf die Wasserstelle zu erreichen. Da ist es von Vorteil, dass Giraffen auch lange Zeit ohne Wasser auskommen können. Untereinander verständigen sich die Tiere mit tiefen Lauten (dem sog. „Infraschall"), die für den Menschen nicht wahrnehmbar sind. Bei der Geburt ist ein Jungtier bereits ca. 2 m groß. Wenn Giraffen kämpfen, schlagen sie mit ihren Köpfen kräftig gegeneinander, was für die Tiere sehr schmerzhaft sein kann.

Gestatten: Gisa Giraffe

In einer Geschichte lernen die Kinder eine Giraffe kennen und erfahren Interessantes über dieses Tier.

Ein fröhliches Lied animiert zum Mitsingen und schult die Musikalität.

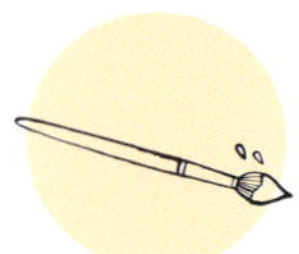

Jedes Kind darf eine Giraffe gestalten und schult dabei seine Feinmotorik.

Bei einem Spiel setzen sich die Kleinen mit der äußeren Erscheinung verschiedener Zootiere auseinander.

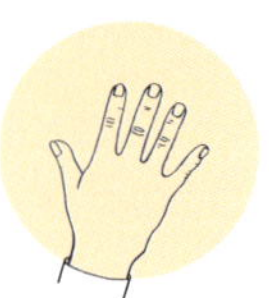

Ein Fingerspiel berichtet über das Aussehen einer Giraffe und fördert die Sprache und Koordination.

Gisa, die Giraffe

Das brauchen Sie

- ✓ Paulchen (als Figur oder aus Papier)
- ✓ Kletterbaum (Ast oder konstruieren)
- ✓ Giraffen (als Figuren oder aus Papier)
- ✓ Martin (als Figur oder aus Papier)
- ✓ Schubkarre (Deko-Schubkarre oder kleiner Karton)
- ✓ Schwamm
- ✓ Baum (aus Papier)

Die Geschichte

Paulchen beobachtet seit einigen Tagen ein riesiges Tier in einem benachbarten Gehege. Es ist unfassbar groß, mit langen Beinen und einem noch längeren Hals. Und es ist ziemlich schmutzig, denn überall an seinem hellen Fell sind dunkle Flecken zu sehen. Der Papagei hat eine Idee, wie er dem Tier helfen kann. Er hat gehört, dass **Martin** es „Giraffe" nennt. Gerade ist der Tierpfleger ins Affengehege gegangen, um diesen Futter zu bringen. Und bis alle Affen mit Bananen versorgt sind, kann Paulchen seinen Plan in die Tat umsetzen. Eilig flattert er zu Martins **Schubkarre**, die vor dem Affenhaus steht. Dort hat er nämlich etwas entdeckt, das er unbedingt braucht: einen **Schwamm**. Schwups schnappt sich der Papagei diesen und nähert sich der Giraffe, die gerade Blätter hoch oben an einem **Baum** knabbert. Diese rupft sie geschickt mit der Zunge ab. Paulchen fliegt mit dem Schwamm auf den Giraffenkopf und fängt kurzerhand zu schrubben an. Am Kopf sind die kleinsten Flecken und er will zuerst diesen sauber machen, bevor er sich an die großen Flecken wagt, die an Hals und Rücken sind. Die Giraffe ist so erschrocken, dass ihr das Blatt aus dem Mund fällt. „Ach, herrje!", ruft sie. „Was tust du denn da? Und wer bist du überhaupt?"
„Ich bin Paulchen und ich helfe dir, deine Flecken loszuwerden", erklärt er. „Es wird zwar eine Weile dauern, aber bis heute Abend bist du sauber."
„Sauber? Aber ich bin doch gar nicht schmutzig", sagt die Giraffe. „Mein Name ist übrigens Gisa."
„Freut mich, dich kennenzulernen, Gisa. Aber ich muss dir leider widersprechen. Du bist ziemlich schmutzig. Sieh dich doch an."
Gisa blickt zu Boden. „Leider sind nicht nur die Beine schmutzig. Dein Bauch, Rücken und Hals sind es auch. Sogar dein Kopf ist voller brauner Flecken. Aber ich kriege das schon wieder hin."
„Aber die Flecken kann man nicht wegschrubben", erklärt Gisa. „Das ist mein Giraffenmuster. Alle Giraffen haben es."
„Wirklich?" Paulchen kann es kaum glauben.
„Ja. Sieh dir doch die anderen einmal an." Erst jetzt bemerkt der Papagei drei weitere Giraffen. Und tatsächlich. Auch sie haben überall Flecken. „Oh! Das ist mir jetzt ganz schön peinlich." Eilig hört er auf damit, Gisas Kopf mit dem Schwamm zu schrubben. „Nicht schlimm. Ich werde es keinem verraten", schmunzelt die Giraffe.
„Danke. Ich muss jetzt schnell den Schwamm zurückbringen, bevor Martin merkt, dass er verschwunden ist." Kaum, dass der Papagei den Schwamm in die Schubkarre gelegt hat, kommt der Tierpfleger aus dem Affenhaus. „Hallo, Paulchen", begrüßt er ihn.
„Hallo!", krächzt dieser.
„Ich bin gerade auf dem Weg zum Giraffengehege. Willst du mitkommen?"
„Äh, nein!", ruft der Papagei rasch.
Martin sagt: „Du hast wohl schon was anderes vor."
„Anderes vor", krakeelt Paulchen und fliegt davon. Von seinem kleinen Missgeschick, den Giraffen ihre Flecken wegputzen zu wollen, muss schließlich niemand etwas erfahren.

Gisa

Material:

- 1 leere Küchenpapierrolle
- 2 Toilettenpapierrollen
- Fingerfarbe: gelb, braun
- Pinsel
- Wattestäbchen
- braune Wasserfarbe
- 2 Becher
- wasserfester Behälter (z. B. Materialschale, Plastikdeckel o. Ä.)
- Tonkarton: gelb, weiß, schwarz
- braune Wolle
- Schere
- Locher
- Klebstoff
- Klebeband
- Heißkleber

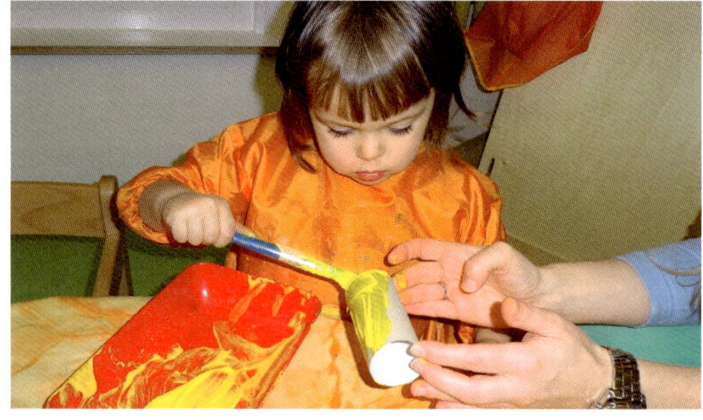

Mit Begeisterung wird die gelbe Farbe aufgetragen.

Durchführung:

Für den Körper:
Die Kinder bemalen alle Rollen mit gelber Fingerfarbe und lassen sie trocknen.

Für die Punkte:
Geben Sie die braune Fingerfarbe in einen wasserfesten Behälter und lassen Sie die Kleinen mit dem Finger braune Punkte auf die Rollen tupfen.

Für die Hörner:
Rühren Sie in einem Becher Wasser mit brauner Wasserfarbe an. Schneiden Sie ein Wattestäbchen in der Mitte durch. Die Kleinen tauchen die Wattestäbchenhälften in das gefärbte Wasser ein und stellen sie zum Trocknen in einen zweiten Becher (gefärbte Seite nach oben).

Zusammenkleben des Körpers:
Diesen Arbeitsschritt müssen Sie übernehmen, da er mit Heißkleber ausgeführt wird, der nicht in Kinderhände gelangen darf! Befestigen Sie die beiden Toilettenpapierrollen aneinander und fixieren Sie diese an der Küchenpapierrolle (s. Foto).

Für den Kopf:
Bereiten Sie ein gelbes, 5 x 8 cm großes Rechteck vor (Kopf), zwei 3 x 1,5 cm große Rechtecke (Ohren), einen 2,5 cm großen Kreis (Nase) und einen 3 cm breiten Streifen (Hals). Schneiden Sie einen weißen, 1 cm breiten Streifen für die Augen zu. Die Kleinen schneiden auf einer schmalen Seite des Kopfes die Ecken geringfügig, auf der anderen Seite großzügig ab. Die beiden Ohren schneiden sie auf jeweils einer schmalen Seite spitz zu, den Kreis halbieren sie und verwenden eine Hälfte davon als Nase. Vom gelben Streifen schneiden sie ein etwa 8 cm langes Stück als Hals ab. Vom weißen Streifen schneiden sie zwei Stücke als Augen ab und kleben schwarze Locherpunkte als Pupillen auf. Die Einzelteile des Gesichtes setzen sie mit Klebstoff zusammen. Die beiden Wattestäbchenhälften kleben sie von hinten mit Klebeband am Kopf fest.

Für den Schwanz:
Die Kleinen schneiden ein Stück Wolle als Schwanz ab.

Fertigstellung:
Knicken Sie den Hals etwa 2 cm weit um und befestigen Sie daran den Kopf. Das Streifenende kleben Sie innen in die Rolle, ebenso den Schwanz. Fertig ist Gisa Giraffe.

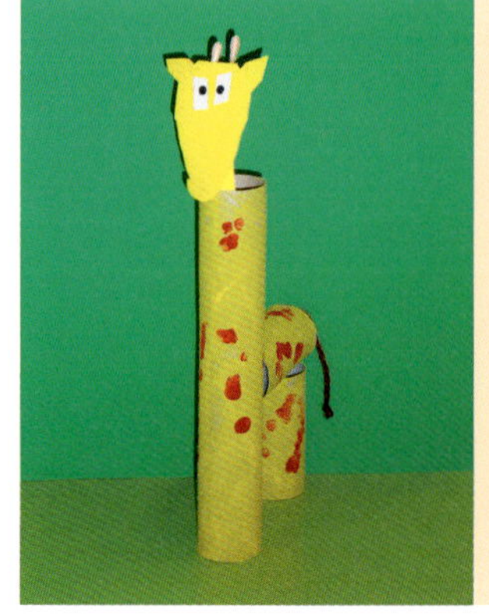

Die große Giraffe

Verse sprechen …	Finger spielen …
Dort steht ein Tier, das ist sehr groß, ich überleg: wie heißt es bloß?	Mit dem Finger nach vorn deuten; Zeigefinger an den Mund halten und ein nachdenkliches Gesicht machen
Es hat vier Beine, dünn und lang, mit vielen braunen Flecken dran.	Auf die Beine deuten; mit dem Zeigefinger pantomimisch Punkte aufmalen
Es hat auch einen runden Bauch	Mit der flachen Hand kreisförmig über den Bauch reiben;
und braune Flecken sind dort auch.	mit dem Zeigefinger pantomimisch Flecken auf den Bauch malen
Seinen Hals streckt es empor und wackelt fröhlich mit dem Ohr.	Hals nach oben strecken; mit einer Hand am Ohr wackeln
Dann streckt es seine Zunge raus und knabbert Blätter ohne Paus.	Zunge rausstrecken; pantomimisch etwas knabbern
Wie heißt es nur? Ist es ein Affe? Nein, dieses Tier, es heißt Giraffe.	Ausladende Handbewegung; Zeigefinger in die Luft halten

Das Fingerspiel ist super!

Gisa Giraffe

Melodie: traditionell, „Hänsel und Gretel" | **Text:** Eva Danner

2.
Gisa Giraffe, komm sieh sie dir mal an.
Wie die Giraffe den Hals hoch strecken kann.
Sie knabbert gern von Bäumen so manches grüne Blatt.
Gisa Giraffe, die ist jetzt richtig satt.

3.
Gisa Giraffe trinkt Wasser, das ist klar.
Das mag sie gerne, das schmeckt ihr wunderbar.
Nur muss sie sich tief bücken, bis sie das Nass erreicht,
bückt sich nach unten und das ist gar nicht leicht.

4.
Gisa Giraffe, ich hab sie wirklich gern.
Weil sie so groß ist, sieht man sie schon von fern.
Sie ist stets nett und freundlich, ja wirklich, glaube mir.
Gisa Giraffe ist echt ein tolles Tier.

Gisa Giraffe ist toll.

Tiermemo

Die Giraffe Gisa hat eine Freundin, die genauso aussieht wie sie selbst: gelb mit braunen Flecken. Aber sie hat auch noch andere Freunde, wie Affen, Löwen oder Papageien. Und zwar genau zwei von jeder Art.
Das Suchen und Finden der passenden Tiere bei diesem Memospiel macht viel Freude und die Kinder setzen sich mit dem Äußeren der Tiere gezielt auseinander. So werden sie auf prägnante Merkmale, wie beispielweise den langen Giraffenhals, den Schnabel beim Papagei oder die Mähne des Löwen aufmerksam und prägen sich die Farben der verschiedenen Tiere ein.

Material:

- ✓ weißer Tonkarton
- ✓ Tiere/Tierköpfe (entweder von Fotos, Bildern oder selbst gebastelte Tiermotive)
- ✓ Schere
- ✓ Klebstoff
- ✓ Laminiergerät und Folien
- ✓ Korb

So gestalten Sie die Spielkarten:

Fertigen Sie so viele Kreise aus dem weißen Tonkarton an, wie Sie Tiere haben. Achten Sie darauf, dass es nicht zu viele verschiedene sind, damit das Spiel für die Kinder übersichtlich bleibt. Schneiden Sie zwei Tiere einer Art aus und kleben Sie auf jeden Kreis ein Tier/einen Tierkopf. Die Größe der Kreise richtet sich nach Ihrer gewählten Tiergröße. Anschließend laminieren Sie die einzelnen Kreise, damit sie stabil und abwaschbar sind. Achten Sie beim Laminieren darauf, dass keine scharfen Kanten entstehen.

So wird gespielt:

Zur Einführung bietet es sich an, zunächst von jedem Tier eine Spielkarte hinzulegen und gemeinsam mit den Kindern zu überlegen, wie das jeweilige Tier heißt. Legen Sie die übrigen Karten in einen Korb. Jedes Kind darf eine Karte herausnehmen und den passenden „Tierfreund" suchen. Hat es ihn entdeckt, wird die Karte dazugelegt und das nächste Kind ist an der Reihe.
Bieten Sie das Spiel den Kleinen auch im Freispiel an, wo es ihnen jederzeit zugänglich ist. Hier können sie es entweder, wie oben beschrieben, spielen oder nach den bekannten Memory-Regeln.

Tierköpfe auf den Karten: © „Das Ausschneide-Bastelbuch – Im Zoo" von Andrea Küssner-Neubert.

Eisbär Egon und Bruno Braunbär

Bären sind nicht nur Säugetiere, sondern auch Raubtiere, die sich durch einen breiten Kopf, eine lange Schnauze, kleine, runde Ohren und kurze, kräftige Beine kennzeichnen. Ihre Tatzen sind groß und die Krallen scharf. Jungtiere kommen nackt und blind und mit einem Gewicht von etwa 500 g zur Welt.

Die gelblich-weißen, riesigen Eisbären besitzen Schwimmhäute zwischen ihren Zehen, haben schwarze Augen und eine schwarze Nase. Ihr natürliches Vorkommen beschränkt sich auf die Nordhalbkugel der Erde, wo sich die Tiere im Winter eine Schneehöhle graben. Unter ihrem hellen Fell ist die Bärenhaut schwarz und kann dadurch Sonnenlicht als Wärme speichern. Ebenso schützt sie eine dicke Speckschicht und ein dichtes Fell vor Kälte. Zusätzlich sind die Fußsohlen behaart. Die Einzelgänger sehen nicht besonders gut, dafür ist ihr Geruchssinn hervorragend ausgeprägt. Zum Jagen setzen sich die Fleischfresser neben die Atemlöcher von Robben und warten darauf, dass eines dieser Beutetiere zum Atmen auftaucht. Dann packen die Bären diese mit ihren Pranken und verspeisen sie. Eisbären können jedoch auch mehrere Wochen ohne Nahrung auskommen und bis zu 25 Jahre alt werden. Sie sind gute Schwimmer, können prima tauchen und selbst an Land bis zu 40 km/h schnell rennen.

Braunbären dagegen können in ihrer Größe ganz unterschiedlich sein und auch ihre Fellfarbe variiert in verschiedenen Brauntönen bis hin zu schwarz. Die größtenteils nachtaktiven Tiere haben einen winzigen Stummelschwanz und können ein Alter von bis zu 30 Jahren erreichen. Braunbären sind scheu und riechen ausgezeichnet. Meist bewegen sie sich auf allen vieren vorwärts, zur Verteidigung richten sie sich jedoch auf den Hinterbeinen auf, was sie noch größer erscheinen lässt. Die Tiere haben keine Mimik und können über kurze Strecken blitzschnell rennen. Im Winter halten sie Winterruhe und zehren von einer dicken Speckschicht, die sie sich angefressen haben. Die Allesfresser brummen, schnauben oder schreien, um sich zu verständigen.

Gestatten: Egon Eisbär

In einer Geschichte lernen die Kinder einen Braunbären und einen Eisbären kennen und erfahren etwas über die Unterschiede dieser Tiere.

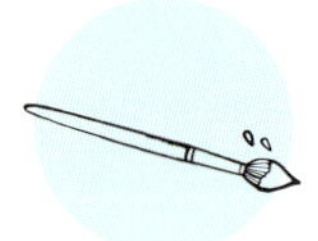

Jedes Kind darf einen Bären nach Wunsch gestalten.

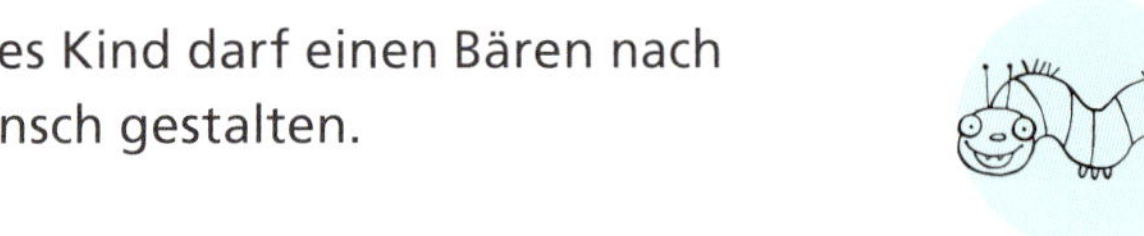

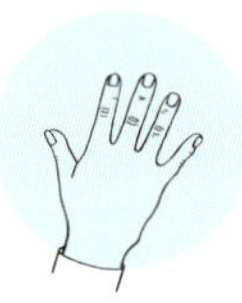

Ein Fingerspiel fördert die Sprache und Koordination der Kinder.

Hier können Sie einen kuscheligen Bären für Ihre Jüngsten gestalten.

Die Kleinen dürfen Eisbären live beobachten.

Der Streit der Bären

Das brauchen Sie

- ✓ Papagei (als Figur oder aus Papier)
- ✓ Bärengehege (Eisbärgehege: weißes Tuch/ Braunbärgehege: braunes Tuch)
- ✓ Eisbär (als Figur oder aus Papier)
- ✓ Braunbär (als Figur oder aus Papier)
- ✓ Gitter (konstruieren oder Papier)
- ✓ Sand (echt oder braune Märchenwolle)
- ✓ Wasser (blaues Tuch)
- ✓ Felsen (weiße Tücher über Kartons legen)
- ✓ Flamingos (als Figuren oder aus Papier)
- ✓ Giraffen (als Figuren oder aus Papier)

Die Geschichte

„Weiß ist ganz klar besser!"

„So ein Unsinn! Jeder weiß, dass braun viel besser ist!"

Paulchen ist von dem Geschrei aufgewacht. Er fliegt los und erreicht die **Bärengehege**. In einem lebt Egon **Eisbär**, im anderen Bruno **Braunbär**. Und die beiden streiten durch ein hohes **Gitter** miteinander. „Jeder Bär sollte ein braunes Fell haben. Das ist viel schöner als ein weißes. Weiß ist nicht mal eine richtige Farbe!", ruft Bruno.

„Weiß ist sehr wohl eine richtige Farbe. Weiß ist der Schnee und jeder Bär sollte ein weißes Fell haben!", widerspricht Egon.

„Dein Fell ist doch im Nu schmutzig", sagt Bruno und wirft einen Haufen **Sand** durchs Gitter auf Egons Rücken. Sogleich ist ein hässlicher, brauner Fleck zu sehen. „Spinnst du?", ruft der Eisbär und springt ins **Wasser.** Zum Glück wird er schnell wieder sauber. „Wehe, du machst das noch mal!" Da greift Bruno erneut zum Sand. Doch bevor er diesen werfen kann, versteckt sich Egon hinter einem weißen **Felsen** und ist im Nu nicht mehr zu sehen. Bruno weiß nicht, wohin er werfen soll. „Und nun?", lacht Egon. „Was machst du jetzt? Mit meinem weißen Fell kann ich mich prima verstecken. Dann wäre nun wohl bewiesen: Weiß ist die bessere Farbe."

„Das stimmt nicht. Du ...!"

Jetzt mischt sich Paulchen ein. „Still!", krächzt er und die beiden Streithähne schauen ihn verdutzt an. „Das ist ja nicht zum Aushalten!", ruft der Papagei.

„Das ist nur, weil Bruno nicht verstehen will, dass ein richtiger Bär ein weißes Fell hat und kein braunes!", keift der Eisbär. „Außerdem ist Bruno eine richtige Schlafmütze. Den ganzen Winter schläft er in seiner Höhle und kommt erst im Frühjahr wieder raus. Aber das ist ja klar, mit einem so hässlichen Fell würde ich mich auch in einer Höhle verstecken! Dann sieht es wenigstens niemand!"

„Du eingebildeter, blöder ...!"

„Halt!", ruft Paulchen. „Ihr könnt doch nicht die ganze Zeit streiten. Seht euch doch mal genau an. So unterschiedlich seid ihr gar nicht. Jeder von euch hat vier Beine und einen winzigen Stummelschwanz. Ihr habt kleine Ohren und eine lange Schnauze, seid gute Schwimmer und schnelle Läufer. Der einzige Unterschied ist die Farbe eures Fells. Und das ist auch gut so. Im Winter kannst du dich prima im Schnee verstecken, Egon. Und du, Bruno, bist im Sommer im braunen Sand nahezu unsichtbar. So ist das weiße Fell für den Winter gut, das braune für den Sommer. Es gibt also überhaupt keinen Grund, sich deswegen zu streiten! Eisbären sind nun mal weiß und Braunbären braun. **Flamingos** sind rosa, **Giraffen** gelb mit braunen Flecken und Papageien bunt. Jeder hat eine andere Farbe und jeder ist gut so, wie er ist."

Die beiden Bären sehen sich an. „Paulchen hat Recht", gibt Egon zu.

„Stimmt", muss auch Bruno zugeben. Und so kommt es, dass Eisbär und Braunbär ihren Streit begraben und Paulchen endlich weiterschlafen kann.

Bärengesicht

Material:

- ✓ Tonkarton: hellbraun, dunkelbraun, schwarz
- ✓ brauner Joghurtbecher
- ✓ Schere
- ✓ Klebstoff
- ✓ Locher
- ✓ Heißkleber

Konzentriert wird der Braunbär gebastelt.

Durchführung:

Fertigen Sie ein dunkelbraunes, 17 x 15 cm großes Rechteck an (Kopf) sowie zwei 8 x 8 cm große Quadrate (Ohren). Schneiden Sie zwei hellbraune, 6 x 6 cm große Quadrate zu (Innenohren), zwei schwarze, 3 x 2,5 cm große Rechtecke (Augen) und einen schwarzen, 3 cm großen Kreis (Mund). Die Kinder schneiden am Kopf alle vier Ecken ab. An den Ohren schneiden sie auf jeweils einer Seite beide Ecken ab. An den Augen schneiden sie auf jeweils einer schmalen Seite beide Ecken ab und kleben braune Locherpunkte als Pupillen auf. Den Kreis halbieren sie und verwenden eine Hälfte davon als Mund. Die Einzelteile des Gesichtes setzen sie mit Klebstoff zusammen.

Fertigstellung:

Der letzte Arbeitsschritt wird mit Heißkleber ausgeführt und darf deshalb nur von Ihnen übernommen werden. Befestigen Sie einen braunen Joghurtbecher als Nase und fertig ist ein lustiges Bärengesicht.

Fertig ist Bruno, der Braunbär.

➸ Anmerkung:

Mit weißem und grauem Papier und einem weißen Joghurtbecher entsteht auf dieselbe Weise ein Eisbärengesicht.

So sieht ein fertiges Eisbärengesicht aus.

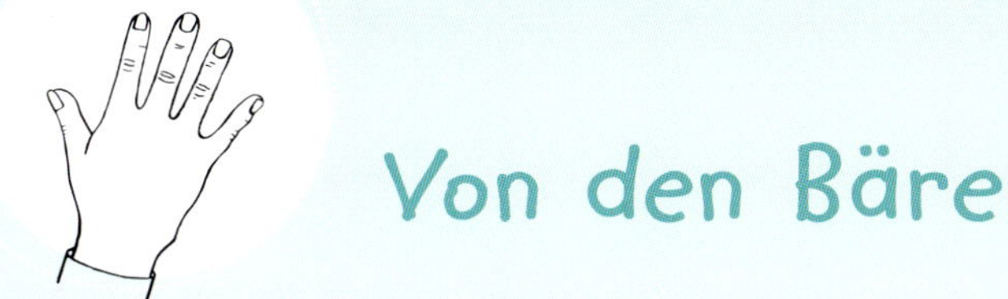

Von den Bären

Verse sprechen …	Finger spielen …
Schau: Bruno Bär, ja, das ist einer, ein großer Dicker, gar kein Kleiner.	Hand beschattet Augen; Arme formen einen Kreis vor dem Bauch
Er ist braun von Kopf bis Fuß, weil ein Braunbär braun sein muss.	Auf Kopf und Füße deuten
Drum heißt er Braunbär, das ist klar, hat dichtes Fell aus braunem Haar.	Mit der Hand über den Körper streichen
Er hat vier Beine, stark und schwer, und stapft damit vergnügt umher.	Vier Finger zeigen; stampfen
Und manchmal streckt er sich empor, ist dann noch größer als zuvor.	Beide Arme weit nach oben strecken
Am Abend legt er sich zur Ruh, macht seine müden Augen zu.	Kopf auf gefaltete Hände legen; Augen schließen

Verse sprechen …	Finger spielen …
Schau: Egon Bär, ja, das ist einer, ein großer Dicker, gar kein Kleiner.	Hand beschattet Augen; Arme formen einen Kreis vor dem Bauch
Er ist weiß von Kopf bis Fuß, weil ein Eisbär weiß sein muss.	Auf Kopf und Füße deuten
Drum heißt er Eisbär, das ist klar, hat dichtes Fell aus weißem Haar.	Mit der Hand über den Körper streichen
Er hat vier Beine, stark und schwer, und stapft damit vergnügt umher.	Vier Finger zeigen; stampfen
Und manchmal streckt er sich empor, ist dann noch größer als zuvor.	Beide Arme weit nach oben strecken
Am Abend legt er sich zur Ruh, macht seine müden Augen zu.	Kopf auf gefaltete Hände legen; Augen schließen

Kuschelbär

Mit diesem Gestaltungsangebot können Sie ein tolles Bärengesicht zum Kuscheln und Liebhaben für Ihre Jüngsten gestalten. Ob Sie dieses als Geburtstagsgeschenk, Adventskalenderüberraschung oder zu einem anderen Anlass verschenken, bleibt Ihnen überlassen.

Material:

- ✓ brauner Plüschstoff
- ✓ Filz: hellbraun, dunkelbraun
- ✓ Textilkleber
- ✓ 2 Tieraugen zum Aufnähen (alternativ: 2 Knöpfe)
- ✓ Füllwatte
- ✓ Schere
- ✓ Nadel und Faden
- ✓ Stift

Durchführung:

Anfertigen der benötigten Stoffteile:
Zeichnen Sie für den Kopf auf die Rückseite des Plüschstoffs zwei 14 cm große Kreise (für Vorder- und Rückseite des Bärengesichts), auf den hellbraunen Filz drei 5 cm große Kreise (Ohren/Mund) und auf den dunkelbraunen Filz eine Bärennase in der von Ihnen gewünschten Form. Schneiden Sie anschließend alle Stoffteile aus.

Anbringen des Gesichtes:
Befestigen Sie zuerst die Nase mit Textilkleber auf dem Mund, fixieren Sie diesen auf der Vorderseite des Bärengesichtes und lassen Sie alles gut trocknen (am besten über Nacht, nach Bedarf auch unter einem dicken Katalog pressen). Mit Nadel und Faden nähen Sie zwei Tieraugen auf (alternativ: zwei Knöpfe).

Anbringen der Ohren:
Kleben Sie die beiden Ohren auf die Rückseite des Kopfes (glatte Seite = Innenseite), sodass etwa zwei Drittel der Ohren überstehen. Nach dem Trocknen bringen Sie am äußeren Rand Textilkleber auf.

Achtung: Zum späteren Befüllen eine Stelle (z. B. an einem der beiden Ohren) offen lassen. Legen Sie die Vorderseite des Bärengesichtes darüber und drücken Sie den Kleber gut fest. Anschließend das Ganze wieder eine Nacht lang trocknen lassen.

Füllen und Fertigstellung:
Füllen Sie durch die offene Stelle die Füllwatte und kleben Sie anschließend das Bärengesicht komplett zu. Fertig! Viel Spaß beim Kuscheln und Liebhaben!

➳ Tipp:

Wer möchte, kann zusätzlich einen kleinen Knopf an eines der beiden Bärenohren annähen. Hier könnte man mit einem Faden ein kleines Schild anbringen, auf dem der Name des Kindes steht, dem man diesen selbst gemachten Bären schenkt.

Eisbären live

Um den Kindern Bären in natura zu zeigen, bietet sich ein Besuch im Tierpark an. Das große Gehege der Eisbären wird sicher auch Ihre Jüngsten magisch anziehen.

Die riesigen, weißen Tiere können von den Kindern oft in zwei Lebensräumen beobachtet und bestaunt werden: an Land und unter Wasser durch eine große Glasscheibe. Das macht die Beobachtung besonders spannend.

Wenn diese Raubtiere im Wasser schwimmen, bewegen sie sich elegant vorwärts und nur ihr Kopf ist dabei zu sehen.

Sobald die Tiere wieder an Land sind, schütteln sie sich hin und her, damit ihr Fell wieder trocknet, was den Kindern bestimmt gefallen wird.

Bei einem Besuch im Tierpark können Ihre Jüngsten die unglaubliche Größe dieser Tiere bewundern, denn der Eisbär zählt zu den größten an Land lebenden Raubtieren der Welt. Berichten Sie den Kindern Wissenswertes über die Lebensweise dieser Tiere und betrachten Sie gemeinsam das äußere Erscheinungsbild der Eisbären. Stellen Sie kindgerechte Fragen, wie:

- ✓ „Welche Farbe hat der Eisbär?"
- ✓ „Wie viele Beine hat er?"
- ✓ „Sind seine Ohren klein oder groß?"

Auf diese Weise regen Sie die Kinder zum Sprechen an und sie beschäftigen sich mit dem Aussehen des Eisbären. Lassen Sie ihnen ausreichend Zeit dazu.

Der Eisbär Egon ist aber groß.

Emil, der Elefant

Der Elefant ist das größte Säugetier an Land und zählt zur Ordnung der Rüsseltiere, was verständlicherweise am langen Rüssel liegt. Dieser wird durch unzählige Muskeln zu einem „multifunktionalen Werkzeug", denn er dient dem Atmen und Riechen, Greifen, Blätterabrupfen und Trinken. Außerdem ist er durch seine Tasthaare am Rüsselende auch prima zum Fühlen und Tasten geeignet. Die intelligenten und gelehrigen Tiere haben einen sehr großen und mächtigen Körper, große Ohren, säulenartige Beine und einen langen Schwanz mit einer Quaste. Die Fußsohlen verfügen über ein dickes Polster, das ähnlich einem Stoßdämpfer wirkt, um das hohe Gewicht zu tragen. Elefanten haben die charakteristischen Stoßzähne und ihre graue Haut ist bis zu 3 cm dick. Die Jungtiere sind zusätzlich am Körper behaart, die adulten Tiere dagegen kaum noch. Elefanten sind Herdentiere, die von der sog. „Leitkuh" angeführt und bis zu 60 Jahre alt werden können. Die sensiblen Säuger besitzen eine hohe Sozialkompetenz, denn sie kümmern sich umeinander, beschützen sich gegenseitig und trauern sogar um verstorbene Tiere. Elefanten haben ein hervorragendes Gedächtnis und erinnern sich an Geschehnisse, die viele Jahre zurückliegen. Sie lieben es, zu baden, wodurch sie ihre Körpertemperatur bei Hitze senken können und selbst weite Strecken zu laufen, ist für Elefanten kein Problem, dabei kommen sie auf bis zu 25 km/h. Bekannt ist vor allem das laute Trompeten, doch die Tiere kommunizieren auch mit tiefen Lauten, dem sog. „Infraschall", der für den Menschen nicht zu hören ist. Als reiner Pflanzenfresser vertilgt ein ausgewachsener Elefant bis zu 150 kg Futter und 140 l Wasser pro Tag, da ist es nicht verwunderlich, dass er bis zu 18 Stunden täglich mit Fressen beschäftigt ist.

Gestatten: Emil Elefant

In einer Geschichte lernen die Kinder den Elefanten Emil kennen und erfahren Wissenswertes aus seinem Leben.

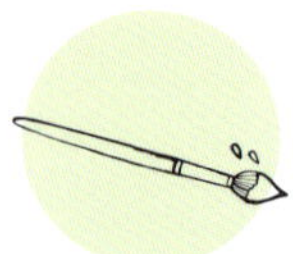

Jedes Kind darf einen Elefanten gestalten und schult dabei seine Feinmotorik.

Ein Fingerspiel berichtet von fünf Elefanten und verbessert Koordination und Sprache der Kinder.

Ein rhythmischer Sprechvers fördert die Sprachentwicklung.

Die Kleinen können Elefanten in natura beobachten.

Emil, der Elefant

Das brauchen Sie

- ✓ Paulchen (als Figur oder aus Papier)
- ✓ Zaun (aus Papier oder konstruieren)
- ✓ Wasser (blaue Locherpunkte)
- ✓ Sonne (aus Papier)
- ✓ Baum (aus Papier)
- ✓ Himmel (blaues Tuch)
- ✓ Elefant (als Figur oder aus Papier)
- ✓ Ast
- ✓ Wasserloch (blaues Tuch)
- ✓ Blätter (aus Papier, Filz oder echte)
- ✓ Nuss

Die Geschichte

Paulchen sitzt auf einem **Zaun**, als plötzlich eine Menge **Wasser** auf ihn herunterprasselt. Pitschnass sitzt der Papagei da. Zum Glück trocknet die **Sonne** ihn schnell. Da kommt erneut ein Schwall Wasser auf ihn zu. Doch dieses Mal kann er rechtzeitig davonfliegen, mitten auf einen **Baum**. „Wieso regnet es?", wundert er sich und schaut zum **Himmel**, wo keine einzige Wolke zu sehen ist. Da kommt ein grauer Wasserschlauch zum Vorschein. Jemand hält ihn mitten in den Baum hinein. „Martin!", denkt Paulchen. „Auf-hören! Nicht nass spritzen!" krächzt er. Doch als er aus dem Baum herausfliegt, staunt er: Vor ihm steht ein riesiges, graues Tier mit vier dicken Beinen und zwei großen Ohren. Und mitten in seinem Gesicht hängt der Wasserschlauch. „Ach, du meine Güte! Ein Schlauchtier!"

„Ein Schlauchtier? Wo?"

„D-d-da!", stottert Paulchen.

„Wo?", fragt das Tier erneut und schaut sich um.

„Du!", ruft der Papagei. „Du bist das Schlauchtier!"

„Ich bin ein Schlauchtier? Wie kommst du denn darauf?"

„Na, in deinem Gesicht hängt ein Schlauch. Damit hast du mich ziemlich nass gespritzt."

„Oh, das tut mir leid. Ich wusste nicht, dass jemand in der Nähe ist, als ich eine kleine Dusche genommen habe. Und in meinem Gesicht ist auch kein Schlauch, sondern ein Rüssel. Meine Nase sozusagen. Ich bin übrigens **Emil**, der Elefant."

„Deine Nase?", fragt Paulchen erstaunt.

„Ja, meine Nase. Was ist denn daran so verwunderlich?"

„Na, sie ist ziemlich lang. Eine lange, graue Schlauchnase."

„Rüssel", verbessert Emil.

„Äh, ja, Rüssel, wollte ich sagen. Ein langer, grauer Rüssel."

„Elefanten haben nun mal große Rüssel. Wir brauchen sie zum Atmen, Trinken, Tasten und Greifen." Und zum Beweis umschließt Emil einen **Ast** und hebt ihn vom Boden auf. „Und ich kann noch etwas", sagt er.

„Was denn?", will Paulchen wissen.

„Ich zeig's dir. Aber geh ein Stückchen zur Seite." Eilig bringt Paulchen sich in Sicherheit und Emil saugt mit seinem Rüssel eine ganze Menge Wasser aus dem **Wasserloch**. Dann schießen unzählige Wassertropfen aus dem Rüssel und fallen auf die Erde. Beinahe so, als ob es regnen würde. „So machst du das also", lacht der Papagei.

„Ja, so duschen Elefanten. Aber jetzt kommt das Beste. Mit meinem Rüssel kann ich nämlich noch was. Hör zu." Und dann erklingt ein lautes: „Töröööö!"

„Also, ich muss zugeben, so ein Rüssel ist ganz schön praktisch. Ich hätte auch gern einen."

„Einen Rüssel?", lacht Emil. „Das würde wohl ziemlich komisch aussehen. Ein Papagei braucht einen Schnabel und keinen Rüssel. Und ich brauche jetzt Futter", sagt Emil und schnappt sich einen Haufen **Blätter**, der sogleich in seinem Mund verschwindet. „Dann will ich dich nicht weiter stören. Lass dir dein Essen schmecken", sagt Paulchen, fliegt zu seinem Kletterbaum und knackt eine **Nuss** mit dem Schnabel. Und er ist froh, doch keinen Rüssel zu haben. Denn wie Emil schon sagte: Elefanten haben Rüssel und Papageien Schnäbel. Und alles andere würde sehr komisch aussehen.

Emil

Material:

- ✓ 2 leere Toilettenpapierrollen (oder Pappröhren)
- ✓ Tonkarton: hellgrau, dunkelgrau, weiß, schwarz
- ✓ graue Wolle (alternativ: Paketschnur o. Ä.)
- ✓ Schere
- ✓ Klebstoff
- ✓ Klebeband
- ✓ Locher

So sieht ein fertiger Elefant aus.

Durchführung:

Für den Kopf:
Bereiten Sie ein dunkelgraues, 6 x 6 cm großes Quadrat vor (Kopf) sowie zwei 5 x 5 cm große Quadrate (Ohren) und einen 1,5 cm breiten Streifen (Rüssel). Schneiden Sie einen weißen, 1 cm breiten Streifen zu (Auge) und ein 1 x 3 cm großes Rechteck (Stoßzahn).

Die Kinder schneiden am Kopf alle vier Ecken ab. An den Ohren schneiden sie auf jeweils einer Seite beide Ecken ab. Vom grauen Streifen schneiden sie ein etwa 10 cm langes Stück ab und verwenden es als Rüssel. Vom weißen Streifen schneiden sie ein Stück als Auge ab und kleben einen schwarzen Locherpunkt als Pupille auf. Das weiße Rechteck schneiden sie diagonal durch und verwenden eine Hälfte als Stoßzahn. Die Einzelteile des Gesichtes setzen die Kinder mit Klebstoff zusammen. Ziehen Sie das Rüsselende über die geschlossene Klinge einer Schere, dann wellt sich dieses und wirkt dadurch plastischer.

Ich kann schon ganz allein schneiden.

Für die Beine:
Kleben Sie die beiden Toilettenpapierrollen als Beine aneinander.

Für Körper, Füße und Schwanz:
Schneiden Sie ein dunkelgraues, 12 x 8 cm großes Rechteck zu (Bauch) sowie einen hellgrauen, 4 cm großen Kreis (Füße). Die Kleinen schneiden am Bauch alle vier Ecken ab. Den Kreis halbieren sie und verwenden beide Hälften als Füße. Von der Wolle schneiden sie ein Stück als Schwanz ab und befestigen es mit Klebeband von hinten am Bauch.

Auch das Zusammenkleben schaffe ich ohne Hilfe.

Fertigstellung:

Mit Ihrer Hilfe fixieren die Kinder Bauch, Kopf und Füße mit Klebstoff an den Beinen und fertig ist Emil, der große, graue Elefant.

Fünf Elefanten

Verse sprechen …	Finger spielen …
Fünf Elefanten, komm und schau! Sind alle groß, sind alle grau.	Fünf Finger einer Hand zeigen; mit den Armen einen Kreis vor dem Körper formen
Schon kommt der erste Elefant eilig auf dich zugerannt.	Daumen zeigen; Handflächen patschen auf Oberschenkel
Der zweite lässt nicht lange warten, trompetet lauthals durch den Garten.	Daumen und Zeigefinger zeigen; laut „Töröööö" rufen
Der dritte Elefant, na, klar, hat große Ohren, wirklich wahr.	Daumen, Zeige- und Mittelfinger zeigen; beide Handflächen hinter die Ohren halten
Jetzt kommt der vierte, sieh mal an, wie er den Rüssel schwingen kann.	Daumen, Zeige-, Mittel- und Ringfinger zeigen; pantomimisch einen Arm als „Rüssel" hin und her schwingen lassen
Der fünfte hat vier Stampfebeine, dick und stark, nicht so wie deine.	Fünf Finger einer Hand zeigen und mit dem kleinen Finger wackeln
Und damit stapft dieser nun nach Haus und unser Spiel, das ist jetzt aus.	Stampfen

Wo hat sich Emil Elefant versteckt?

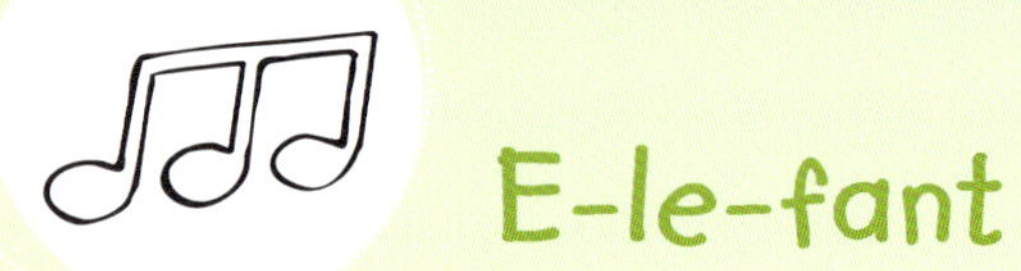

E-le-fant

E-le-fant
kommt schnell an-ge-rannt.
Er hat vier Bei-ne, sieh mal an,
wo-mit er ganz laut stamp-fen kann.
E-le-fant
kommt schnell an-ge-rannt.

E-le-fant
kommt schnell an-ge-rannt.
Schwingt sei-nen Rüs-sel hin und her,
das kann er gut, das ist nicht schwer.
E-le-fant
kommt schnell an-ge-rannt.

E-le-fant
kommt schnell an-ge-rannt.
Sein Bauch ist groß und dick und grau,
die Oh-ren auch, komm her und schau!
E-le-fant
kommt schnell an-ge-rannt.

➸ Anmerkung:

Dies ist ein rhythmischer Sprechvers und wird auch als solcher gesprochen. Sie können ihn zusätzlich in Tempo und Lautstärke variieren – leise flüstern, laut und langsam rufen oder langsam beginnen und immer schneller werden.

E-le-fant kommt schnell an-ge-rannt.

Elefanten live

Um den Kindern echte Elefanten zu zeigen, müssten Sie schon nach Afrika reisen. Oder aber Sie besuchen gemeinsam einen Tierpark in Ihrer Nähe. Denn dort können die Kleinen die riesigen Dickhäuter ausgiebig betrachten und bestaunen.

Weisen Sie Ihre Jüngsten auf den langen Rüssel hin, mit dem der Elefant laut trompeten kann, und auf seine gewaltigen Ohren. Berichten Sie ihnen Wissenswertes über das Leben und die Verhaltensweisen dieser wundervollen Tiere. Stellen Sie kindgerechte Fragen, wie:

- ✓ „Wie viele Beine hat der Elefant?"
- ✓ „Welche Farbe hat er?"
- ✓ „Sind seine Augen klein oder groß?"
- ✓ „Welches Geräusch macht der Elefant mit seinem Rüssel?"

Auf diese Weise werden die Kleinen zum Sprechen angeregt und setzen sich intensiv mit der äußeren Erscheinung der Elefanten auseinander.

Schauen Sie sich mit den Kindern ebenfalls die Umgebung im Elefantengehege an. Was gibt es dort Spannendes zu entdecken? Auch hier können Sie den Kindern Fragen stellen, wie:

- ✓ „Seht ihr Futter im Elefantengehege?"
- ✓ „Was fressen die Elefanten?"
- ✓ „Gibt es vielleicht Spielzeug, mit dem die Elefanten spielen können?"
- ✓ „Was machen die Elefanten mit Wasser und ihrem Rüssel?"

Vielleicht kann man in dem Zoo auch den Innenteil des Elefantengeheges besuchen. Dort gibt es ebenfalls noch etwas zu entdecken. Schauen Sie sich mit den Kindern um und greifen Sie Inhalte, die die Kinder einbringen, in einem Gespräch auf.

Anschließend können sich alle zu einem gemütlichen Frühstück zusammenfinden. Dies schmeckt gemeinsam in dieser einzigartigen Umgebung sicher besonders lecker und gut gestärkt können sich dann alle aufmachen, noch weitere spannende Tiere zu betrachten.

Ein gemeinsames Frühstück im Tierpark stärkt für den weiteren Rundgang.

Sven, der Seehund

Die im Wasser lebenden Seehunde zählen zur Familie der Hundsrobben, die sich durch einen stromlinienförmigen Körper, einen runden Kopf und ein weiß bis dunkelgraues Fell, welches ein Muster aus Flecken und Ringen aufweist, kennzeichnen. Ihre Vorderbeine sind flossenähnlich, die Hinterbeine sind zu Schwanzflossen ausgewachsen. Zwischen ihren Zehen haben die Tiere Schwimmhäute und es sind ausgesprochen gute Schwimmer, die bis zu 200 m tief tauchen können. Während des Tauchens verschließen die Seehunde ihre Nasenlöcher. Mit ihren langen Barthaaren, auch Vibrissen genannt, können sie selbst kleinste Bewegungen im Wasser wahrnehmen. Dies ist durch unzählige Nerven möglich und die Tiere können sich auf diese Weise selbst im trüben Wasser noch hervorragend orientieren. An Land sind die Raubtiere, von denen es insgesamt fünf Unterarten gibt, dagegen recht unbeholfen und sie sehen auch nicht besonders gut. Die Ohren der Seehunde sind zurückgebildet und nur als kleine Ohrlöcher zu erkennen.

Eine dicke Fettschicht schützt die Tiere, die ein Alter von 30 Jahren erreichen können, vor Kälte und Auskühlung im eisigen Wasser. Jungtiere können direkt nach der Geburt schwimmen und verlassene Tiere werden „Heuler" genannt. Auf dem Speiseplan stehen neben Fischen und Krebsen auch Muscheln.

Gestatten: Sven, der Seehund

In einer Geschichte lernen die Kinder den Seehund Sven kennen und erfahren Interessantes aus seinem Leben.

Jedes Kind darf einen Seehund gestalten und schult dabei seine Feinmotorik.

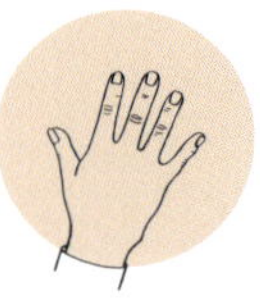

Ein Fingerspiel berichtet von fünf Seehunden und verbessert die Sprache und Koordination der Kinder.

Die Kleinen machen intensive Erfahrungen mit dem Element Wasser, dem natürlichen Lebensraum der Seehunde.

Bei einem lustigen Spiel können die Kinder Farben zuordnen und ihre Koordination verbessern.

Sven, der Seehund

Das brauchen Sie

- ✓ Paulchen (als Figur oder aus Papier)
- ✓ Kletterbaum (aus Papier oder Ast)
- ✓ Sonne (aus Papier)
- ✓ Martin (als Figur oder aus Papier)
- ✓ Eimer (Dekoeimer oder Sandspieleimer)
- ✓ Fische (aus einem Angelspiel oder aus Papier)
- ✓ Becken (blaues Tuch)
- ✓ Wasser (blaue Locherpunkte)
- ✓ Seehund (als Figur oder aus Papier)
- ✓ Felsen (Tuch über einen umgedrehten Karton legen)
- ✓ Ball
- ✓ Ring (Gummiring oder aus Draht konstruieren)
- ✓ Reifen (aus Draht konstruieren)

Die Geschichte

Es ist ein sonniger Tag. **Paulchen** sitzt auf seinem **Kletterbaum** und döst in der **Sonne**. Da sieht er **Martin** mit einem großen **Eimer** voller **Fische**. „Hal-lo", krächzt der Papagei.

„Hallo, Paulchen", begrüßt Martin ihn. „Ich bin gerade auf dem Weg zu Sven. Hast du Lust, mich zu begleiten?" Sofort fliegt der Papagei auf Martins Schulter. Nach einer Weile erreichen sie ein riesiges **Wasserbecken**. Paulchen ist neugierig und fliegt auf den Boden. Da schwappt eine ganze Menge **Wasser** aus dem Becken und eine große, graue Schnauze erscheint. „Krah, krah!", schimpft Paulchen, dessen Gefieder pitschnass geworden ist.

„Darf ich vorstellen: Das ist Sven", lacht Martin. Paulchen betrachtet sich den Wasserbewohner genauer, der inzwischen ganz aus dem Becken herausgesprungen ist. Sein Körper ist grau und er hat einen runden Kopf. Außerdem hat er Flossen und lustige Barthaare im Gesicht. „Sven ist ein **Seehund**", erklärt der Tierpfleger. „Er lebt im großen Wasserbecken und kann tolle Sachen machen. Hast du Lust, zu spielen, Sven?" Sogleich jault der Seehund vor Freude. „Du kannst von dort drüben zusehen, Paulchen. Hier könnte es gleich ziemlich nass werden." Das lässt der Papagei sich nicht zweimal sagen und flattert zu einem nahe gelegenen **Felsen**. „Achtung, es geht los, Sven!", ruft Martin und wirft einen **Ball** ins Wasser. In Windeseile springt der Seehund ins Becken, dass es nur so spritzt. Paulchen ist froh, etwas abseits zu sitzen. Der Seehund taucht unter und erscheint kurz darauf mit dem Ball auf der Schnauze. Geschickt balanciert er diesen zu Martin und schubst ihn an Land. „Bravo!", ruft dieser und wirft ihm zur Belohnung einen Fisch zu. Sven schnappt und verspeist ihn. Dann wirft Martin einen Ring ins Wasser. Sven taucht mit dem Kopf hindurch und trägt ihn wie eine Kette zu Martin zurück. Zur Belohnung bekommt er wieder einen Fisch. „Gut gemacht! Kommen wir zur letzten Übung." Martin hält einen großen Reifen in die Luft. „Eins, zwei, drei – hopp!", ruft er und Sven springt mit einem Satz aus dem Wasser und durch den Reifen hindurch. „Prima. Ganz große Klasse!", ruft Martin begeistert. Seit einiger Zeit trainiert er mit dem Seehund und nun kann dieser tolle Kunststücke machen. Martin ist sehr stolz auf ihn. Auch Paulchen ist begeistert. So etwas hat er noch nie gesehen. Martin füttert Sven noch mit den restlichen Fischen, dann verabschiedet er sich. „Na, hat dir die Vorstellung gefallen?"

„Pri-ma!", krächzt der Papagei und fliegt zurück auf seinen Kletterbaum, wo er seine nassen Federn in der warmen Sonne trocknen lässt.

Sven

Material:

- ✓ Tonkarton: grau, weiß, schwarz, rot
- ✓ Schere
- ✓ Klebstoff
- ✓ Locher
- ✓ 2 weiße Flaschendeckel
- ✓ Heißkleber

Basteln macht Spaß!

Durchführung:

Für den Kopf:
Fertigen Sie ein graues, 10 x 10 cm großes Quadrat an (Kopf), einen roten, 2 cm großen Kreis (Mund), ein schwarzes, 2 x 3 cm großes Rechteck (Nase) und zwei schwarze, 0,5 x 15 cm lange Streifen (Barthaare). Legen Sie die beiden Flaschendeckel bereit.

Die Kinder schneiden am Kopf und an der Nase alle vier Ecken ab. Den Kreis halbieren sie und verwenden eine Hälfte davon als Mund. Jeden der beiden Streifen schneiden die Kleinen in drei Teile und verwenden diese als Barthaare. Schwarze Locherpunkte kleben sie als Pupillen auf die Flaschendeckel und Sie befestigen diese mit Heißkleber auf dem Kopf. Achtung: Arbeiten mit dem Heißkleber dürfen nur von Erwachsenen ausgeführt werden!

Die Einzelteile des Gesichtes setzen die Kleinen mit Klebstoff zusammen.

Für den Körper:
Schneiden Sie ein graues, 12 x 30 cm großes Rechteck zu (Körper), einen 10 cm großen Kreis (Schwanzflosse) und einen 12 cm großen Kreis (Seitenflossen). Die Kinder schneiden auf einer schmalen Bauchseite die Ecken geringfügig, die auf der anderen Seite großzügiger ab. Die beiden Kreise halbieren sie und verwenden die entstanden Halbkreise als Flossen. Die Einzelteile des Körpers setzen sie mit Klebstoff zusammen und fixieren den Kopf daran. Fertig!

Sven wird super!

Fünf Seehunde

Verse sprechen ...	Finger spielen ...
Fünf Seehunde, schau dich mal um. Die schwimmen gern im Wasser rum.	Fünf Finger einer Hand zeigen; Hand beschattet Augen; Hände führen Schwimmbewegungen aus
Der erste, der taucht froh und munter immer rauf und wieder runter.	Daumen zeigen; Hand taucht auf und ab
Der zweite fängt sich einen Fisch, ganz schnell für seinen Mittagstisch.	Daumen und Zeigefinger zeigen; pantomimisch einen Fisch schnappen
Der dritte dreht sich still und stumm im Wasser gern im Kreis herum.	Daumen, Zeige- und Mittelfinger zeigen; mit dem Zeigefinger Kreise in die Luft zeichnen
Der vierte spritzt dich nur zum Spaß mit seinen Flossen pitschpatschnass.	Daumen, Zeige-, Mittel- und Ringfinger zeigen; Hände 2-mal auf Oberschenkel patschen
Der fünfte gähnt, er ist noch klein, legt sich zur Mama, schläft bald ein.	Alle fünf Finger einer Hand zeigen; mit dem kleinen Finger wackeln; gähnen; Augen schließen

Alle lieben Sven, den Seehund.

Wasserbassin

Seehunde verbringen die meiste Zeit ihres Lebens im Wasser. Es sind ausgesprochen gute Schwimmer und wendige Taucher. Doch nicht nur die Tiere lieben das kühle Nass, auch Kinder mögen es, am Wasser zu spielen, zu baden und zu planschen. So bietet es sich an, gerade in der Sommerzeit, einige erfrischende Spielstationen an einem schattigen Plätzchen aufzubauen, wo die Kleinen sinnliche Erfahrungen sammeln und ungetrübten Spielspaß erleben können.

Station 1: „Wasserstraße"

Es gibt fertige **Stecksysteme**, die sich mühelos und in kurzer Zeit im Außengelände aufbauen lassen. Füllen Sie **Wasser** hinein und geben Sie Ihren Jüngsten **Tiere, Figuren oder Schiffe** aus **Plastik**, welche sie nun durch die verschiedenen „Straßen" schieben können.

Das kühle Wasser erfrischt an heißen Tagen und die Kleinen können dort wunderbar spielen und sich abkühlen.

Station 2: „Wasserbecken"

Ein **Kinderbecken** ist ein Highlight in der Sommerzeit und schon Kinder unter drei Jahren genießen das Baden sehr.

Stellen Sie ihnen **Förmchen, schwimmende Plastiktiere oder -figuren, Eimer** und andere Behälter zur Verfügung, mit denen sie spielen und experimentieren dürfen. Handliche **Kindergießkannen** machen besonders viel Freude und auch kleine **Wasserbälle** sorgen für grenzenlosen Spielspaß.

➻ Anmerkung:

Lassen Sie Kinder nie unbeaufsichtigt am Wasser spielen und legen Sie Handtücher zum Abtrocknen bereit. Auch ausreichender Sonnenschutz ist dabei unerlässlich!

Lustiger Stapelspaß mit Seehund

Material:

- ✓ 4 Spitzen eines Eierkartons
- ✓ Fingerfarbe: gelb, rot, grün, blau
- ✓ Pinsel
- ✓ 4 dünne Holzstäbe (Länge etwa 12 cm)
- ✓ Knete
- ✓ Chenilledraht: gelb, rot, grün, blau
- ✓ Schere
- ✓ Tonkarton: gelb, rot, grün, blau, grau
- ✓ Klebeband
- ✓ Würfel
- ✓ grauer Seehund (nach eigenen Wünschen basteln oder Plüschfigur verwenden)

Der Spielspaß kann beginnen.

Durchführung:

Für die Ringe:
Stellen Sie aus dem Chenilledraht jeweils fünf Ringe in gelb, rot, grün und blau her. Achten Sie darauf, dass keine scharfen Drahtenden mehr spürbar sind.

Für die Halterungen:
Schneiden Sie aus einem Eierkarton vier Spitzen heraus und bemalen Sie diese in den Farben gelb, rot, grün und blau. Stecken Sie nach dem Trocknen in jede Spitze einen Holzstab hinein und drücken Sie etwas Knete von innen dagegen. Auf diese Weise erhält die Halterung die nötige Stabilität. Zusätzlich können Sie Tonkartonkreise in den genannten Farben zuschneiden und die Halterungen, farblich passend, darauf platzieren.

Für den Würfel:
Schneiden Sie jeweils einen gelben, grünen, blauen, roten und grauen Kreis aus Tonkarton aus und befestigen Sie diese mit Klebeband auf dem Würfel. Fertigen Sie einen Kreis an, bei dem jeweils ein Viertel aus den Farben rot, gelb, grün und blau besteht (Wunschpunkt). Die Größe der Kreise richtet sich nach der Größe des Würfels.

So wird gespielt:
Stellen Sie die Halterungen auf die Papierkreise und verteilen Sie die Ringe auf dem Boden/Tisch. Legen Sie den Farbwürfel bereit und setzen Sie den Seehund daneben. Berichten Sie den Kindern, dass Sven der Seehund am liebsten im Wasser mit bunten Ringen spielt. Diese schwimmen überall in seinem Becken und die Kinder dürfen nun dabei helfen, diese, farblich sortiert, zu ihren Halterungen zu bringen.

Gewürfelt wird reihum. Ist ein gelber, roter, grüner oder blauer Farbpunkt zu sehen, darf der farblich passende Ring auf seine Halterung gesetzt werden. Beim Wunschpunkt können die Kleinen sich einen Ring in der Farbe ihrer Wahl aussuchen. Wird ein grauer Farbpunkt gewürfelt, kommt der Seehund ins Spiel. Dieser treibt nämlich liebend gern Schabernack, schnappt sich einen Ring seiner Wahl von der Halterung und wirft ihn zurück ins Wasser. Die Kinder setzen den Seehund neben die Halterung, von welcher sie sich einen Ring nehmen.

Wird eine Farbe gewürfelt, von der bereits alle Ringe auf der Halterung gestapelt sind, ist das nächste Kind an der Reihe. Das Spiel ist vorbei, wenn alle Ringe auf ihren Halterungen sitzen.

➸ Tipp:

Keime auf Eierkartons werden abgetötet, wenn man diese zuvor bei 80 °C bis 100 °C für 10 Minuten in den vorgeheizten Backofen stellt.

Das Seehundspiel macht sehr viel Spaß.

Nina, das Nilpferd

Das Nilpferd, auch Flusspferd genannt, ist ein großes und mächtiges Säugetier mit vier kurzen, kräftigen Beinen, einem großen Kopf und einer breiten Schnauze. Seine gewaltigen Eck- und Schneidezähne können eine Länge von 50–70 cm erreichen und wirken Furcht einflößend. Nilpferde sind Paarhufer, die in ihrer natürlichen Umgebung immer in der Nähe von Gewässern mit Sandbänken und Grasland anzutreffen sind. Ihre graubraune Haut ist mehrere Zentimeter dick und wirkt wie eine Isolierschicht. Trotz der Dicke ist die Nilpferdhaut empfindlich und damit die Tiere keinen Sonnenbrand oder Infektionen bekommen, sondern sie eine Flüssigkeit ab, die sie schützt. Im Gesicht haben die nachtaktiven Nilpferde rosa Flecken und zwischen ihren vier Zehen sind Schwimmhäute. Am Tag schlafen und dösen sie überwiegend und wirken aufgrund ihres Gewichts schwerfällig und behäbig. Dabei können die Tiere Spitzengeschwindigkeiten von bis zu 50 km/h erreichen. Nilpferde sind keine besonders guten Schwimmer, sondern sie laufen lieber über den Gewässergrund. Die Weibchen leben oft in kleineren Herden zusammen, während die männlichen Tiere überwiegend Einzelgänger sind. Ihre Reviergrenzen markieren sie mit Dunghaufen und sie können ziemlich laut schnaufen und brüllen. Nilpferde sind reine Pflanzenfresser. Die Jungtiere kommen mit einem Geburtsgewicht von 50 kg zur Welt und können sofort laufen und schwimmen. Ein Nilpferd kann zwischen 40 und 50 Jahren alt werden.

Gestatten: Nina Nilpferd

In einer Geschichte erfahren die Kinder Wissenswertes über Nilpferde.

Ein fröhliches Lied animiert zum Mitsingen und schult die Musikalität.

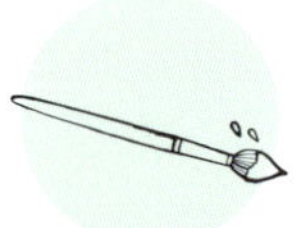

Jedes Kind darf aus Sand und Papier ein Nilpferd gestalten und schult dabei seine Auge-Hand-Koordination.

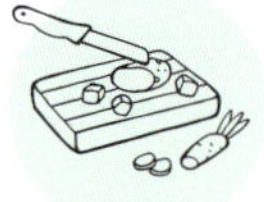

Hier nehmen die Kleinen eine Wassermelone, die Lieblingsspeise von Nina Nilpferd, ganz genau unter die Lupe.

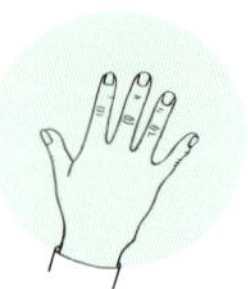

Bei einem Fingerspiel verbessern die Kinder ihre Sprache und Begriffsbildung.

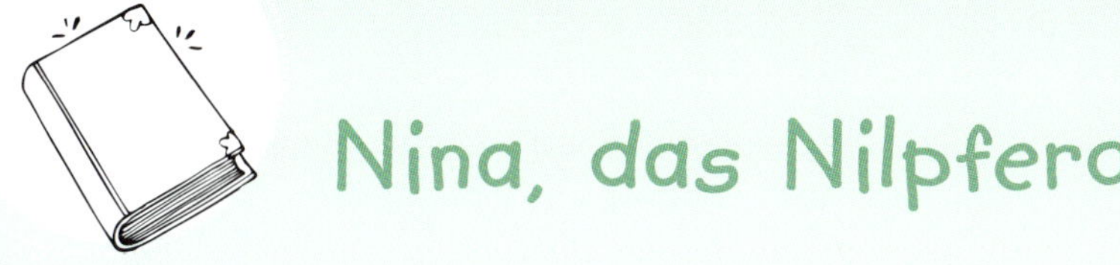

Nina, das Nilpferd

Das brauchen Sie

- ✓ Paulchen (als Figur oder aus Papier)
- ✓ See (blaues Tuch)
- ✓ Gras (grünes Tuch)
- ✓ Bäume (aus Papier)
- ✓ Nilpferd (als Figur oder aus Papier)
- ✓ Martin (als Figur oder aus Papier)
- ✓ Wassermelone (echt oder aus dem Kinderkaufmannsladen)
- ✓ Messer

Die Geschichte

Paulchen fliegt über den Tierpark, als er einen großen **See** bemerkt. Drum herum wächst grünes **Gras** und große **Bäume** spenden Schatten. Als er näher kommt, sieht er zwei winzige Augen aus dem Wasser schauen. „Hallo! Mein Name ist Paulchen und ich bin ein Papagei. Und wer bist du?" In diesem Augenblick taucht ein riesiger Kopf aus dem Wasser auf, dann öffnet sich ein gewaltiger Mund mit unglaublich großen Zähnen und spricht: „Ich bin Nina." Paulchen flattert, so schnell er kann, davon und kreischt lauthals: „Hilfe!"

„Nicht wegfliegen!", ruft das Tier und steigt aus dem Wasser. Paulchen, der sich inzwischen auf einem Baum in Sicherheit gebracht hat, betrachtet das riesige Tier. Es ist grau und unglaublich groß, hat vier dicke, kurze Beine und einen kugelrunden Bauch. „W-W-Was b-b-bist d-d-du?", stammelt er ängstlich.

„Ich bin ein **Nilpferd**, das sieht man doch."

„Ein N-N-Nil-p-p-pferd?"

„Genau, ein Nilpferd", bestätigt dieses.

„Willst du mich fressen?", fragt Paulchen.

„Dich fressen? Warum sollte ich dich denn fressen wollen?"

„Ich weiß nicht. Vielleicht, weil du Hunger hast?", vermutet der Papagei.

„Stimmt. Ich habe wirklich Hunger. Aber du musst keine Angst haben. Ich verspreche, dass ich dich nicht fressen werde. Großes Nilpferd-Ehrenwort. Ich mag keine Papageien zum Frühstück. Und auch keine anderen Vögel. Ich mag am allerliebsten leckeres, saftiges Gras", lacht Nina und schon verschwindet eine ganze Menge davon kauend in ihrem Mund. Da taucht **Martin**, der Tierpfleger, auf. „Nanu, Paulchen, was machst du denn hier?"

„Mar-tin!", krächzt dieser.

„Hallo, Nina. Ich habe dir etwas Leckeres mitgebracht, sieh her." Und dann präsentiert er eine riesige **Wassermelone**. Sofort kommt Nina näher und auch der Papagei freut sich über das unerwartete Frühstück. Doch was macht der Tierpfleger jetzt? Er nimmt die ganze Melone und steckt sie Nina einfach in den Mund. Die ganze Melone. Einfach so. Und schwups, ist sie verschwunden. Paulchen kann es kaum fassen. Die ganze Melone ist weg. Und für ihn ist nichts übrig geblieben. Aber Martin wäre nicht Martin, hätte er nicht auch an seinen Lieblingspapagei gedacht. Er hat nämlich noch eine kleine Melone dabei, die er mit einem **Messer** durchschneidet. Das ist gar nicht so einfach, denn die Schale ist dick und hart. Eine Hälfte gibt er Nina, denn sie hat immer noch Hunger. Die andere Hälfte schneidet er in kleine Stücke und teilt sie sich mit Paulchen, der sogleich eines davon mit dem Schnabel schnappt. Und so sieht man an diesem Morgen ein Nilpferd, einen Papagei und einen Tierpfleger gemeinsam an einem See sitzen und eine Wassermelone verspeisen.

Nina

Material:

- ✓ Glas mit Schraubverschluss (ca. 500 g)
- ✓ Sand
- ✓ kleine Schaufel (oder Löffel o. Ä.)
- ✓ Tonkarton: grau, weiß, schwarz
- ✓ 1 Wattestäbchen
- ✓ Schere
- ✓ Klebstoff
- ✓ (doppelseitiges) Klebeband
- ✓ Locher
- ✓ graue Wolle

Durchführung:

Für den Kopf:

Bereiten Sie ein graues, 8 x 8 cm großes Quadrat vor (Kopf), einen weißen, 1 cm breiten Streifen (Augen) und einen grauen, 2 cm großen Kreis (Ohren). Die Kleinen schneiden am Kopf alle vier Ecken ab. Vom weißen Streifen schneiden sie zwei Stücke als Augen ab und kleben schwarze Locherpunkte als Pupillen auf. Den Kreis halbieren sie und verwenden beide Hälften als Ohren. Die Einzelteile des Gesichtes setzen sie mit Klebstoff zusammen, zwei schwarze Locherpunkte verwenden sie als Nasenlöcher. Für die Zähne halbieren die Kleinen ein Wattestäbchen und befestigen die beiden Hälften mit Klebeband von hinten am Kopf.

Konzentriert wird der Sand eingefüllt.

Für den Körper:

Die Kinder füllen mithilfe der Schaufel den Sand in das Glas, bis dieses komplett gefüllt ist. Schrauben Sie den Deckel fest zu und schneiden Sie, wenn gewünscht, einen grauen Tonkartonkreis in der Größe des Deckels zu und kleben Sie diesen auf den Deckel.

Bei der Arbeit mit den Gläsern müssen Sie die Kinder besonders gut beaufsichtigen.

Für den Schwanz:

Die Kinder schneiden ein Stück graue Wolle als Schwanz ab und befestigen dieses mit Klebeband am Bauch.

Fertigstellung:

Mit einem Stück doppelseitigem Klebeband fixieren Sie den Kopf am Bauch und fertig ist ein fröhliches Nilpferd.

Sorgfältig werden die Papierteile geschnitten und geklebt.

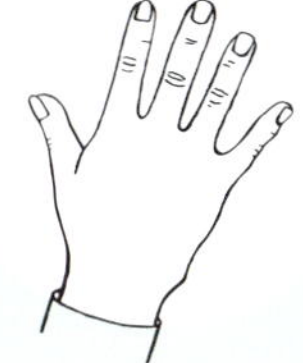

Das Nilpferd

Verse sprechen …	Finger spielen …
Das Nilpferd ist ein großes Tier mit dickem Bauch und Beinen vier.	Arme formen einen Kreis; mit der flachen Hand über den Bauch reiben; vier Finger abzählen
Es liegt so gern im grünen Gras, die Sonne kitzelt seine Nas.	Fünf Finger einer Hand spreizen = Sonne; an der Nase kitzeln
Es kühlt sich auch im Wasser ab, das ist schön kalt und hält auf Trab.	Arme überkreuzen und über die Schultern streichen
Das Nilpferd Gras und Blätter kaut und wird es müd, dann gähnt es laut.	Kaubewegungen ausführen; gähnen
Sucht sich nen Platz in aller Ruh und macht die kleinen Augen zu.	Kopf auf die gefalteten Hände legen; Augen schließen

Alle staunen über das große Nilpferd.

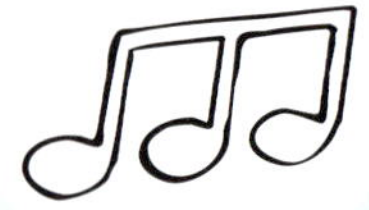

Das große, graue Nilpferd

Melodie: traditionell, „Die Affen rasen durch den Wald" | **Text:** Eva Danner

2.
Es mag sehr gerne grünes Gras,
im Wasser schwimmen macht ihm Spaß.
Ja, so ein Nilpferd, das ist toll.
II: Es ist im Zoo zu Haus, dort kennt es sich gut aus.
Es stampft umher, das mag es sehr. :II

3.
Schau! Seine Ohren, die sind klein,
das muss beim Nilpferd ja so sein.
Ja, so ein Nilpferd, das ist toll.
II: Es ist im Zoo zu Haus, dort kennt es sich gut aus.
Es stampft umher, das mag es sehr. :II

4.
Die Zähne, die sind groß und lang,
sieh hin und schau sie dir mal an.
Ja, so ein Nilpferd, das ist toll.
II: Es ist im Zoo zu Haus, dort kennt es sich gut aus.
Es stampft umher, das mag es sehr. :II

5.
Und will es abends seine Ruh,
dann macht es schnell die Augen zu.
Ja, so ein Nilpferd, das ist toll.
II: Es ist im Zoo zu Haus, dort kennt es sich gut aus.
Es stampft umher, das mag es sehr. :II

Wassermelone

Nina Nilpferd mag gern Wassermelonen. Da liegt es nahe, den Kindern diese Frucht in einer spannenden Sachbetrachtung einmal zu zeigen.

Bedecken Sie die Melone mit einem Tuch und bitten Sie die Kleinen, darunterzufassen und zu fühlen, was sich dort befindet.

Nachdem jedes Kind den unbekannten Gegenstand ausgiebig spüren konnte, nehmen Sie das Tuch weg. Fragen Sie die Kinder, ob sie wissen, worum es sich hierbei handelt.

Jedes Kind darf versuchen, die Melone einmal hochzuheben, was gar nicht so leicht ist, denn sie ist groß und schwer.

Mithilfe eines großen Messers schneiden Sie die Wassermelone in zwei Hälften.

Betrachten Sie diese mit den Kleinen. Schnell werden alle feststellen, dass die Melone außen eine grüne Schale hat, innen aber rot ist.

Lassen Sie die Kinder auch an der Melone riechen, bevor Sie diese in mundgerechte Stücke schneiden und Ihren Jüngsten zum Probieren anbieten. Entfernen Sie eventuell die Kerne, sofern die Melone welche enthält.

Bestimmt schmeckt es allen ganz wunderbar und diese Sachbetrachtung wird zu einem sinnlichen Erlebnis, welches den visuellen, taktilen, olfaktorischen und auch den Geschmackssinn anregt. Und Interessantes rund um die Wassermelone erfahren die Kinder ganz nebenbei, wie etwa Farbe und Gewicht, dass sie eine harte Schale hat, die man mit dem Messer entzweischneiden muss und die man nicht essen kann.

Probieren Sie es aus. Viel Spaß dabei!

Was ist unter dem Tuch?

Anton, der Affe

Affen zählen zu den Säugetieren, von denen es viele verschiedene Arten gibt. Sie gehören zur Ordnung der Primaten und werden in Feuchtnasen- und Trockennasenprimaten unterteilt. Die Feuchtnasenprimaten sind überwiegend nachtaktiv, klein und können gut riechen, während die Trockennasenprimaten tagaktiv, deutlich größer sind und ihr Geruchsinn wesentlich schlechter ausgeprägt ist. Hierzu zählen auch die Menschenaffen, die die nächsten Verwandten des Menschen darstellen. Das Sehvermögen ist bei allen Affen gut entwickelt und sie sind aufgrund ihres hochentwickelten Gehirns überaus intelligent. Weiterhin verfügen sie über ein komplexes Sozialverhalten und sind sehr gesellig. Es gibt Arten, die sich auf vier Beinen vorwärtsbewegen, und andere, die das Gehen auf zwei Beinen bevorzugen. Das Fell kann ebenfalls ganz unterschiedlich gefärbt sein und es gibt Affen, die ausschließlich ein Leben als Baumbewohner bevorzugen, während andere Arten terrestrisch leben. Identisch bei allen Tieren ist die Tatsache, dass sie keine Krallen, sondern Nägel haben und ihre Hände zum Greifen geeignet sind. Handflächen und Fußsohlen sind bei Affen unbehaart und die Hinterbeine sind länger als die Vorderbeine. Manche Affenarten haben einen langen Schwanz, der zum Balancieren und Greifen genutzt wird, andere Arten, wie die Menschenaffen (Schimpansen, Gorillas etc.) haben dagegen keinen Schwanz. Kommunikation und Interaktion spielt bei allen Tieren eine große Rolle, wie beispielsweise die gegenseitige Fellpflege. Die Nahrung variiert von Art zu Art, ebenso wie die Fortbewegungsart. Manche Affen hangeln sich durch die Äste und Zweige, andere springen, klettern oder schwingen umher, während wiederum andere gemächlich am Boden laufen.

Gestatten: Anton Affe

In einer Geschichte lernen die Kinder den Affen Anton kennen, der allerlei Schabernack treibt.

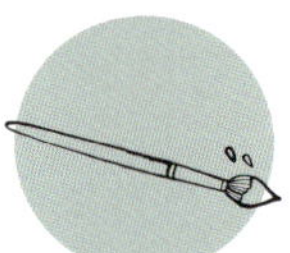

Jedes Kind darf einen Affen gestalten und schult dabei seine Feinmotorik.

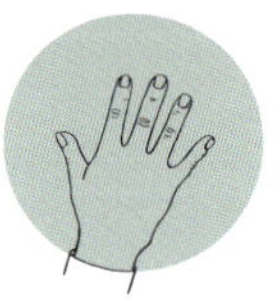

Ein Fingerspiel berichtet vom Affen Anton und die Kinder verbessern ihre Sprache.

Ein fröhliches Spiellied animiert zum Mitsingen und Mitmachen.

Die Kinder bereiten aus Antons Lieblingsspeise eine leckere Bananenmilch zu.

Anton, der Affe

Das brauchen Sie

- ✓ Martin (als Figur oder aus Papier)
- ✓ Paulchen (als Figur oder aus Papier)
- ✓ Sonne (aus Papier)
- ✓ Sonnenhut
- ✓ Eimer
- ✓ Bananen (aus dem Kaufmannsladen, aus Papier oder echte)
- ✓ Affen, Anton (als Figuren oder aus Papier)
- ✓ Baumstamm (Ast o. Ä.)

Die Geschichte

„Guten Morgen, Paulchen", begrüßt Martin den Papagei.

„Mor-gen! Mor-gen!", krächzt dieser. Es ist ein warmer Sommertag. Die Sonne scheint und der Tierpfleger hat einen Sonnenhut auf dem Kopf. „Ich bin auf dem Weg zu den Affen. Hast du Lust, mich zu begleiten?", will Martin wissen. Statt einer Antwort setzt sich der Papagei auf Martins Schulter. Der Tierpfleger hat einen Eimer dabei, der mit gelben Bananen gefüllt ist. „Die sind für die Affen. Aber bestimmt bleibt noch eine für dich übrig", schmunzelt Martin, denn er weiß, wie gern Paulchen die süßen Früchte mag. Nach einer Weile kommen die beiden beim Affenhaus an. Viele Tiere sind dort zu Hause. Einer von ihnen ist Anton. Anton hat es faustdick hinter den Ohren und ist immer für eine Überraschung gut. Er ist klug und denkt sich täglich neuen Schabernack aus. „Hallo!", ruft Martin und im Nu stürmt die ganze Affenbande ans Gitter und ein lautes Brüllen ist zu hören. „Schon gut. Gleich kriegt ihr euer Futter." Dann öffnet er die Tür und geht hinein. Martin mag die Affen sehr. Sie sind liebenswert und schlau und lassen sich gern den Kopf kraulen. Aber im Augenblick wollen sie nur eines: Bananen. Die klugen Tiere können ihre Bananen allein schälen und brauchen dabei keine Hilfe. Dann kommt Anton herbei.

„Hallo, Anton", begrüßt Martin ihn und will ihm über das Fell streichen. Doch Anton hat ganz andere Dinge im Sinn. Er schnappt sich Martins Sonnenhut und rennt davon.

„Hut, Hut!", krächzt Paulchen aufgeregt.

„Hey, gib mir meinen Hut zurück!", ruft Martin. Doch Anton denkt nicht daran. Er zieht sich den Hut auf den Kopf und klettert an einem Baumstamm so weit nach oben, wie er kann. „Anton, komm sofort runter!", mahnt Martin. Aber der Affe bleibt, wo er ist. Und egal was der Tierpfleger auch versucht, Anton gibt ihm seinen Hut nicht zurück. „Gut, dann behalte den Hut. Aber dann behalte ich deine Banane", sagt Martin und will das Affenhaus verlassen. In Windeseile klettert der Affe nach unten und gibt den Hut zurück. Im Tausch erhält er eine Banane. „Und morgen stibitzt du mir nicht noch einmal meinen Hut", sagt Martin und verlässt das Affengehege. Paulchen flattert ihm hinterher. Dann greift der Tierpfleger in den Eimer und holt die letzte Banane heraus. „Die ist für dich, mein Freund", sagt er und schält die gelbe Frucht.

„Ba-na-ne", krächzt der Papagei und freut sich. Dann machen sich die zwei auf den Rückweg. Und Anton? Der heckt bestimmt schon einen neuen Plan aus, was er am nächsten Tag anstellen könnte.

Anton macht gern Quatsch.

Anton

Material:

- ✓ Pappteller (ca. 18 cm Durchmesser)
- ✓ braune Fingerfarbe
- ✓ Pinsel
- ✓ Tonkarton: hellbraun, dunkelbraun, weiß, schwarz
- ✓ schwarzer Fasermaler
- ✓ brauner Chenilledraht
- ✓ Schere
- ✓ Klebstoff
- ✓ Locher
- ✓ Lochzange

Zuerst wird der Bauch bemalt.

Durchführung:

Für Kopf und Schwanz:
Bereiten Sie ein dunkelbraunes, 9 x 9 cm großes Quadrat vor (Kopf) sowie zwei 4 x 4 cm große Quadrate (Ohren). Schneiden Sie ein hellbraunes, 12 x 8 cm großes Rechteck zu (Mund), einen weißen, 1,5 cm breiten Streifen (Augen) und ein schwarzes, 2 x 2 cm großes Quadrat (Nase). Für den Schwanz fertigen Sie einen dunkelbraunen, 1,5 cm breiten Streifen an. Die Kleinen schneiden auf einer Seite des Kopfes sowie an den Ohren beide Ecken ab.

Am Mund und an der Nase schneiden sie alle vier Ecken ab. Vom weißen Streifen schneiden die Kinder zwei Stücke als Augen ab und kleben schwarze Locherpunkte als Pupillen auf. Die Einzelteile des Kopfes setzen sie mit Klebstoff zusammen, den Mund zeichnen sie mit dem schwarzen Fasermaler. Vom braunen Streifen schneiden die Kleinen ein etwa 30 cm langes Stück ab und verwenden dieses als Schwanz.

Für den Körper:
Die Kinder bemalen die Außenseite des Papptellers mit brauner Fingerfarbe und lassen sie trocknen.

Für Arme und Beine:
Diesen Arbeitsschritt sollten Sie übernehmen, da er für die Kinder zu schwierig ist. Schneiden Sie vom braunen Chenilledraht vier etwa 25 cm lange Stücke ab. Stanzen Sie mithilfe der Lochzange vier Löcher in den Pappteller und befestigen Sie daran die Drahtstücke als Arme und Beine. Biegen Sie die Enden so um, dass keine scharfen Spitzen mehr spürbar sind.

Dann ist der Kopf dran.

Fertigstellung:

Die Kleinen fixieren Kopf und Schwanz mit Klebstoff am Körper und schon kann ein fröhlicher Affe durch das Gruppenzimmer turnen.

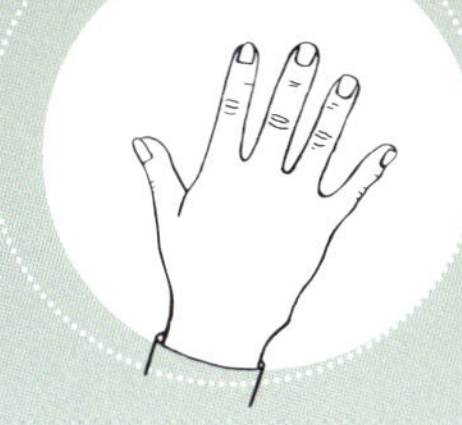

Der Affe im Baum

Verse sprechen ...	**Finger spielen ...**
Hoch im Baum, da sitzt ja einer. Gar kein Großer, nur ein Kleiner.	Mit dem Zeigefinger nach oben deuten; Daumen und Zeigefinger deuten „klein" an
Er ist auch lustig anzuschaun und ist von Kopf bis Fuß ganz braun.	Hand beschattet Augen; auf Kopf und Füße deuten
Es ist ein Affe, dass ihr's wisst, der oben in dem Baum drin sitzt.	Mit dem Zeigefinger nach oben deuten
Anton heißt er, ist auf Zack und treibt so manchen Schabernack.	Hände patschen einmal auf Oberschenkel
Stibitzt gern Sachen, hier und dort, versteckt sie gut, dann sind sie fort.	Pantomimisch etwas wegnehmen; Hände verschwinden hinter dem Rücken
Doch gibt's Bananen, bitte sehr, gibt er die Sachen wieder her.	Imaginäre Sachen hinter dem Rücken wieder hervorholen
Denn Bananen, das ist wahr, schmecken Anton wunderbar. Hmmmmm ...	Pantomimisch eine Banane essen; mit der flachen Hand über den Bauch reiben

Anton liebt Bananen.

Schau, die kleinen Affenkinder

Melodie: traditionell, „Fuchs, du hast die Gans gestohlen" | **Text:** Eva Danner

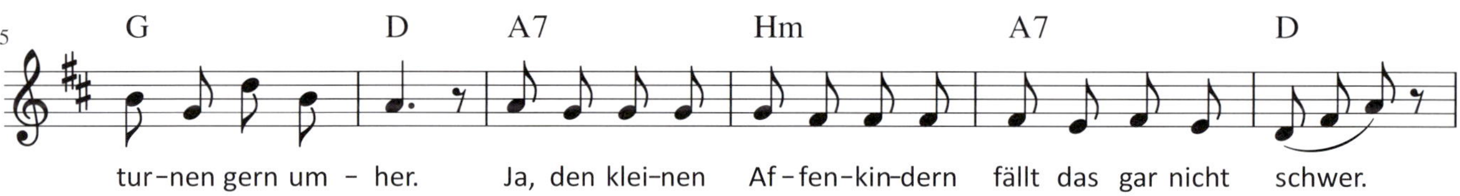

2.
Schau, die kleinen Affenkinder,
so was glaubt man kaum,
so was glaubt man kaum.
Ja, die kleinen Affenkinder klettern froh im Baum.
Ja, die kleinen Affenkinder klettern froh im Baum.

3.
Schau, die kleinen Affenkinder
spielen nun Versteck,
spielen nun Versteck.
Ja, die kleinen Affenkinder sind auf einmal weg.
Ja, die kleinen Affenkinder sind auf einmal weg.

4.
Schau, die kleinen Affenkinder
rufen laut: „Hurra!",
rufen laut: „Hurra!".
Ja, die kleinen Affenkinder sind jetzt wieder da.
Ja, die kleinen Affenkinder sind jetzt wieder da.

➳ Anmerkung:

Man kann das Lied auch als Fingerspiel spielen, indem der Text gesprochen wird.

➳ Tipp:

Denken Sie sich gemeinsam mit den Kindern passende Bewegungen zu dem Lied aus.

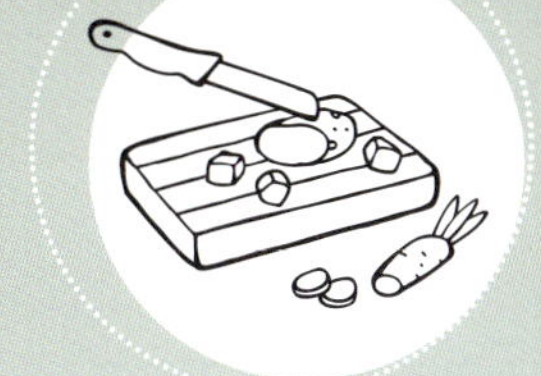

Bananenmilch

Anton Affe mag gern Bananen und hat den Kindern einige davon mitgebracht, aus denen sie etwas Leckeres zubereiten dürfen.

Zutaten:

- ✓ 1 halbe Banane pro Kind
- ✓ Milch

Zusätzlich:

- ✓ Schneidebrett
- ✓ Messer
- ✓ Gefäß zum Mixen
- ✓ Pürierstab
- ✓ Teller
- ✓ ggf. Tuch

Was ist unter dem Tuch?

Vorab kann eine kurze Sachbetrachtung stattfinden:

Legen Sie eine Banane auf einen Teller und bedecken Sie diese mit einem blickdichten Tuch. Bitten Sie die Kinder, unter das Tuch zu fassen und zu spüren, was dort versteckt sein könnte. Die Kleinen nutzen nun nur ihren taktilen Sinn und machen sich auf diese Weise mit der äußeren Erscheinung und der Haptik der Frucht vertraut.

Stellen Sie kindgerechte Fragen, wie:

- ✓ „Was könnte das sein?"
- ✓ „Ist es weich oder hart?"
- ✓ „Groß oder klein?"

Nehmen Sie das Tuch weg und jedes Kind darf die Banane noch einmal genau betrachten, bevor alle gemeinsam die Hände waschen und an einem Tisch Platz nehmen.

So bereiten Sie die Bananenmilch zu:

Zeigen Sie den Kleinen zunächst alle benötigten Zutaten. Dann werden die Bananen geschält. Hierbei können die Kinder helfen.

Danach werden die süßen Früchte in kleine Stücke geschnitten. Sind alle Bananen zerkleinert, helfen die Kinder dabei, diese in das Gefäß zu geben. Jetzt kommt die Milch zum Einsatz. Auch hierbei dürfen Ihre Jüngsten Sie unterstützen. Das Zerkleinern mit dem Pürierstab sollte von Ihnen übernommen werden. Am hübsch gedeckten Tisch können es sich dann alle schmecken lassen. Und vielleicht mag auch Anton Affe dabeisitzen und einen Schluck kosten? Sie können den Kindern auch kleine Bananenstücke zum Essen anbieten. Bestimmt greifen Ihre Jüngsten auch hier gern zu. Denn Bananen schmecken nicht nur lecker, sie sind auch sehr gesund.

Die Bananenmilch schmeckt super!

Fiona Flamingo

Flamingos sind mit ihrem rosafarbenen Äußeren eindeutig zu erkennen. Ihre Beine sind lang und dünn, der Schnabel gebogen und der Hals ebenfalls ausgesprochen lang. Das rosa Gefieder dieser einzigartigen Vögel ist nicht etwa angeboren, sondern entsteht durch den Farbstoff in ihrer Nahrung, die überwiegend aus kleinen Krebsen, aber auch aus Würmen und Algen besteht. Mit ihren Füßen wühlen sie den Schlamm auf und suchen nach schmackhaften Leckereien, die sie mit ihrem Schnabel aus dem Wasser filtern. Dies ist durch ihren sog. „Seihapparat" möglich, der eine ähnliche Funktion wie ein Sieb hat. Männliche und weibliche Tiere sind kaum voneinander zu unterscheiden und es gibt insgesamt sechs bekannte Flamingoarten. Die geselligen Tiere leben in der freien Natur in Gewässernähe, wo sich Süß- und Salzwasser miteinander vermischen, in riesigen Schwärmen, weshalb man sie auch als koloniebildend bezeichnet. Flamingos können bis zu 40 Jahre alt werden und ihr Rufen erinnert an das Schreien von Gänsen. Ein bis zwei Eier legen Flamingoweibchen in Schlammkegel hinein und bei der Geburt unterscheiden sich die Jungen deutlich von den adulten Tieren. Ihr Federkleid ist grau gefärbt und ihre Beine sind kurz und dick. Mit etwa drei Jahren färben sie sich erst rosa.

Gestatten: Fiona Flamingo

In einer Geschichte erfahren die Kinder Wissenswertes über das Leben von Flamingos.

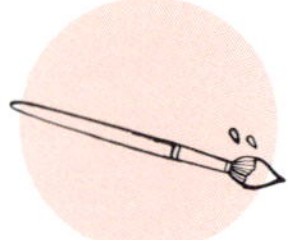

Jedes Kind darf einen Flamingo gestalten und schärft seinen Blick für die äußere Erscheinung dieser Vögel.

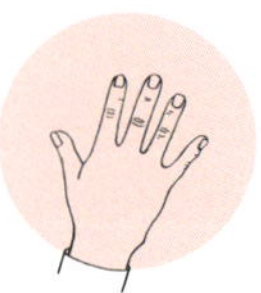

Ein Bewegungsspiel berichtet von fünf Flamingos und die Kinder verbessern ihre Sprache und Koordination.

Ein fröhliches Lied animiert zum Mitsingen und schult die Musikalität.

Bei einer Massagegeschichte können die Kleinen taktile Erfahrungen sammeln und zur Ruhe kommen.

Fiona, der Flamingo

Das brauchen Sie

- ✓ Paulchen (als Figur oder aus Papier)
- ✓ Wiese (grünes Tuch)
- ✓ Fiona, Flamingos (als Figuren oder aus Papier)
- ✓ Martin (als Figur oder aus Papier)
- ✓ Flamingobabys Karla, Fritz (als Figuren oder aus Papier)
- ✓ Spritze (aus dem Kinderarztkoffer, Pipette o. Ä.)

Die Geschichte

Paulchen hat eine **Wiese** entdeckt, auf der unzählige rosafarbene Vögel leben. Es sind **Flamingos**. Sie sind groß, haben lange Beine und einen noch längeren Hals. Ihre Beine sind deshalb so lang, damit sie auch im tiefen Wasser mühelos umherlaufen und nach Futter suchen können. Ihr Schnabel ist kräftig und ihre Federn sind allesamt rosa gefärbt. Einer dieser Flamingos heißt **Fiona** und sie hat vor Kurzem zwei Eier gelegt. Als Paulchen bei der Wiese ankommt, ist das Nest leer. Fiona hat es aus Schlamm selbst gebaut, doch nun steht sie davor und ihre Eier sind verschwunden. Der Papagei schaut sich um, kann die großen Flamingoeier aber nirgendwo entdecken. Aufgeregt fängt er zu krächzen an. Er will sich gerade auf den Weg zu **Martin** machen, als dieser bereits um die Ecke kommt. „Hallo, Paulchen“, begrüßt dieser ihn.

„Eier! Weg!“, krakeelt der Papagei und dann bemerkt er zwei kleine Vögel, die neben Martin auf dem Boden watscheln.

„Du suchst Fionas Eier, nicht wahr? Nun, die Eier gibt es nicht mehr. Dafür aber **Karla** und **Fritz**, Fionas Babys.“ Paulchen betrachtet die beiden Vogelkinder, die so gar nicht wie ihre Mama aussehen. Ihre Federn sind weiß und grau, ihre Flügel winzig klein und die Beine kurz und dick. „Da staunst du, Paulchen. Vor ein paar Tagen sind die Vogelkinder aus ihren Eiern geschlüpft. Weil sie noch so klein sind, müssen sie gefüttert werden. Aber irgendwie weiß Fiona nicht, wie das geht, und so muss ich die Kleinen versorgen“, erklärt der Tierpfleger. „Gerade habe ich das Frühstück für sie geholt. Wenn du willst, kannst du beim Füttern zuschauen!“, spricht Martin und nimmt Karla in die Hand. „Na, hast du Hunger?“ Sogleich piepst das Flamingomädchen lautstark. Der Tierpfleger nimmt eine **Spritze**, in die er einen Futterbrei gemischt hat, und tropft sie dem Vogelkind in den Schnabel. „Piep, piep“, macht es und offensichtlich schmeckt ihm sein Futter. Dann setzt Martin Karla auf den Boden, denn nun ist Fritz an der Reihe. Auch er wird mit der Spritze gefüttert. Das muss der Tierpfleger noch acht Wochen lang machen, dann können die beiden Flamingos selbst nach Futter suchen. Bis sie allerdings so schöne rosa Federn bekommen wie Fiona, wird es noch eine Weile dauern. Aber es eilt ja nicht. Hier im Tierpark geht es den beiden prächtig und Martin wird sich immer gut um sie kümmern. Aber nun kuscheln sich Fritz und Karla erst einmal zu ihrer Mama und schlafen dort satt und zufrieden ein.

Fiona Flamingo hat rosafarbene Federn.

Fiona

Material:

- ✓ 1 runder Kaffeefilter (Durchmesser ca. 9 cm oder aus Fließpapier zuschneiden)
- ✓ pinkfarbene Fasermaler
- ✓ wasserfeste Unterlage (z. B. Teller o. Ä.)
- ✓ Pipette
- ✓ kleine Schüssel mit Wasser
- ✓ Tonkarton: rosa, pink, weiß, schwarz
- ✓ 2 pinkfarbene Trinkhalme
- ✓ 1 Bastelfeder: pink oder rosa
- ✓ Schere
- ✓ Locher
- ✓ Klebstoff
- ✓ Klebeband
- ✓ **optional:** Lochzange und Schnur

Konzentriert wird der Filter gefärbt.

Durchführung:

Für den Kopf:
Bereiten Sie ein rosafarbenes, 3,5 x 3,5 cm großes Quadrat vor (Kopf), einen rosafarbenen, 1,5 cm breiten Streifen (Hals) und einen weißen, 1 cm breiten Streifen (Auge). Für den Schnabel schneiden Sie ein pinkfarbenes, 5 x 2 cm großes Rechteck und ein schwarzes, 1,5 x 3 cm großes Rechteck zu. Die Kinder schneiden am Kopf alle vier Ecken ab. Vom rosafarbenen Streifen schneiden sie ein etwa 8 cm langes Stück als Hals ab. Vom weißen Streifen schneiden sie ein Stück für das Auge ab und kleben einen schwarzen Locherpunkt als Pupille auf. Die beiden Rechtecke schneiden sie diagonal durch und verwenden jeweils ein pinkfarbenes und ein schwarzes Dreieck für den Schnabel. Die Einzelteile des Gesichtes setzen sie mit Klebstoff zusammen.

Für den Körper:
Die Kinder bemalen den Filter mit dem pinkfarbenen Fasermaler und legen ihn auf die wasserfeste Unterlage. Mit der Pipette befeuchten sie ihn. Sobald dieser mit dem Wasser in Berührung kommt, blutet die Farbe aus und färbt die Filtertüte in einen wunderschönen Farbverlauf. Den so gestalteten Flamingobauch lassen Sie trocknen.

Für Beine und Flügel:
Die getrocknete Filtertüte falten Sie mittig und kleben sie zu einem Halbkreis zusammen. Die Kinder befestigen eine Bastelfeder als Flügel. Für die Beine verwenden sie zwei Trinkhalme, welche sie zunächst mittig durchschneiden und anschließend das kurze Stück nach der U-Biegung noch einmal um die Hälfte einkürzen. Den Bauch befestigen die Kinder am Hals und die Beine fixieren sie mit Klebeband von hinten am Filter. Fertig ist ein wunderschöner Flamingo.

Schneiden und kleben kann ich schon allein.

Fünf Flamingos

Verse sprechen ...	**Finger spielen ...**
Fünf Flamingos laufen froh auf der Wiese dort im Zoo.	Fünf Finger zeigen; umherlaufen
Der erste, der hat lange Beine, die sind viel länger noch als meine.	Daumen zeigen; auf Beine deuten
Der zweite streckt die Flügel aus und fliegt damit ganz hoch hinaus.	Daumen und Zeigefinger zeigen; Arme ausbreiten, auf- und abbewegen und umherlaufen
Der dritte steht auf einem Bein, fällt gar nicht um, wie kann das sein?	Daumen, Zeige- und Mittelfinger zeigen; auf einem Bein stehen
Der vierte streckt den Hals empor, ist dann noch größer als zuvor.	Daumen, Zeige-, Mittel- und Ringfinger zeigen; Kopf nach oben strecken
Der fünfte mit dem Schnabel pickt	Alle fünf Finger zeigen; mit dem kleinen Finger wackeln;
und manchmal er damit auch zwickt.	eine Hand pickt in der Handfläche der anderen; an verschiedenen Körperstellen leicht zwicken
Am Abend, ja, da wird es Zeit, der Kopf, er steckt im Federkleid.	Arme verdecken das Gesicht
Die fünf Flamingos wollen Ruh und machen ihre Augen zu.	Kopf auf die gefalteten Hände legen; Augen schließen

Interessante Tiere, diese Flamingos.

Wenn wir morgens aufstehn

Melodie: traditionell, „Alle meine Entchen" | **Text:** Eva Danner

2.
Schau, dort stehn Flamingos,
II: ach, wie sind sie schön. :II
Haben rosa Federn,
komm, dann kannst du's sehn.

3.
Pinguine schwimmen,
II: tauchen auf und ab. :II
Suchen kleine Fische,
fressen sich dran satt.

4.
Affen in den Bäumen
II: klettern froh herum. :II
Mögen gern Bananen,
sind ja gar nicht dumm.

5.
Löwen haben Mähnen,
II: sehn gefährlich aus. :II
Jagen in der Wüste,
dort sind sie zu Haus.

6.
Seehunde, die spielen,
II: gern mit einem Ball. :II
Bleibt er auf der Nase,
Freude überall.

7.
Bären im Gehege,
II: sie sind groß und schwer. :II
Dösen in der Sonne,
das mögen sie sehr.

8.
Krokodile liegen
II: faul im Wasser dort. :II
Zeigen sie die Zähne,
rennen alle fort.

9.
Zebras haben Streifen,
II: die sind schwarz und weiß. :II
Leben in der Steppe,
dort ist es ganz heiß.

10.
Abends sind wir müde,
II: dann gehn wir nach Haus. :II
Schlafen ein und träumen
und das Lied ist aus.

Die Flamingofeder

Sie brauchen:

- ✓ 1 bequeme Unterlage
- ✓ 1 rosafarbene Bastelfeder

Das Kind liegt entspannt auf dem Rücken auf einer Unterlage. In kurzer Hose und T-Shirt kann es die Berührungen am besten erleben. Ziehen Sie Schuhe und Strümpfe aus und schon kann es losgehen. Zeigen Sie die rosa Feder und berühren Sie, dem Text entsprechend, die verschiedenen Körperstellen des Kindes.

Diese kleine, rosa Feder
kennt bestimmt so ziemlich jeder.
Von dem Flamingo kommt sie ja,
kann Dinge, die sind wunderbar.

Sie kitzelt dich an deinem Arm
und an den Fingern, klein und warm.

Sie kitzelt dich an deinen kleinen,
zarten, weichen Kinderbeinen.

Sie kitzelt deinen Kullerbauch
und deine beiden Füße auch.

Sie kitzelt dich auch im Gesicht,
vergisst die beiden Ohren nicht.

Und den Hals, du kannst es spüren,
will die Feder sanft berühren.

Diese kleine rosa Feder
kennt bestimmt nun wirklich jeder.
Von dem Flamingo kommt sie ja,
ist sie nicht ganz wunderbar?

Die Feder kitzelt.

➻ Gut zu wissen:

Bei dieser Sinneserfahrung können die Kinder wunderbar entspannen und zur Ruhe kommen und sie spüren ihren Körper intensiv und bewusst.

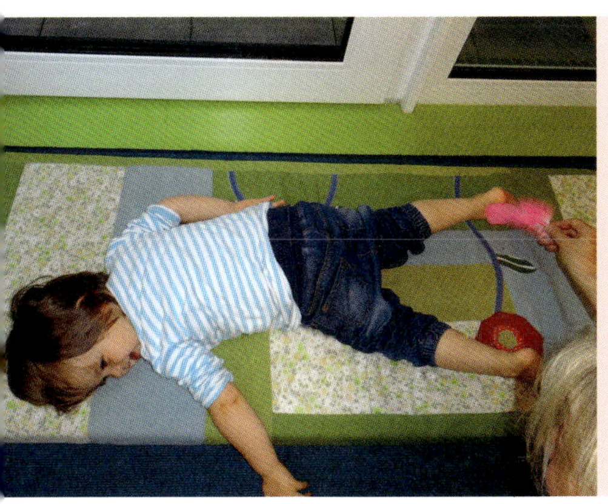

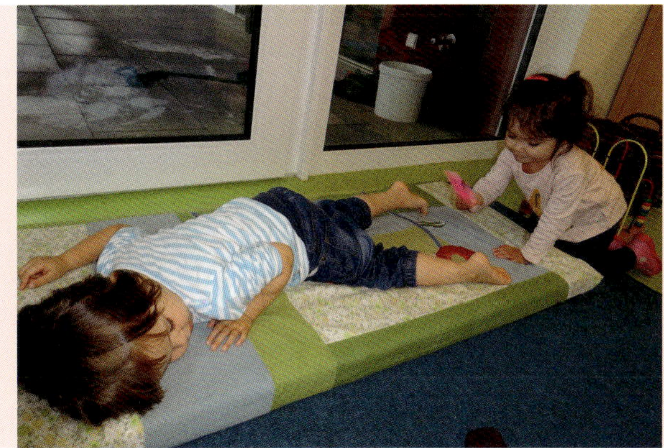

Karl, das Kamel

Kamele sind Säugetiere und es gibt sowohl das einhöckrige Dromedar als auch das zweihöckrige Trampeltier. Kennzeichnend für alle Kamele sind die langen Beine, der nach unten gebogene Hals und die gespaltene Oberlippe. Ihr Fell ist dick und wollig und kann beige, braun, weiß oder schwarz gefärbt sein. Im Winter bekommen sie ein noch dichteres Fell, welches sich im Frühling in großen Fetzen wieder ablöst. Kamele haben keine Hufe, sondern zählen zu den Schwielensohlern, da die Sohlen an ihren Füßen mit dicken, federnden Schwielen gepolstert sind. Kamele bewegen sich im sog. „Passgang" vorwärts, indem sie das rechte Vorder- und Hinterbein gleichzeitig bewegen. Ihr natürlicher Lebensraum ist die Wüste, weshalb sie ihre schlitzförmigen Nasenlöcher auch verschließen und vor dem Eindringen von Sand und Staub schützen können. Die langen Wimpern bieten zusätzlichen Schutz, damit kein Sand in die Augen eindringt. Kamele können bis zu 50 Jahre alt werden und verspeisen, als reine Pflanzenfresser, überwiegend Gräser und Zweige. Sie besitzen einen sog. „Brüllsack", mit dem sie sehr laut schreien können, und dienen noch heute als Transport- und Lastentiere. In ihren Höckern speichern sie Fett und Bindegewebe, dass sie in einem Stoffwechselprozess zu Wasser umwandeln und deshalb lange Zeit ohne Flüssigkeit auskommen können. Die Höcker schützen zusätzlich vor der Sonne, denn sie absorbieren die Wärme. Kamele schwitzen erst ab einer Körpertemperatur von 41 Grad, weshalb sie kaum Flüssigkeit verlieren, ein immenser Vorteil in der heißen, trockenen Wüste.

Gestatten: Karl, das Kamel

In einer Geschichte erfahren die Kinder Wissenswertes über das Leben von Kamelen.

Ein fröhliches Lied animiert zum Mitsingen und macht Spaß.

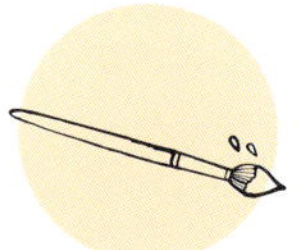

Jedes Kind darf aus Papprollen, Märchenwolle und Papier ein tolles Kamel gestalten.

Die Kleinen schlüpfen in die Rolle von Kamel, Giraffe & Co. und können sich dabei körperlich erproben.

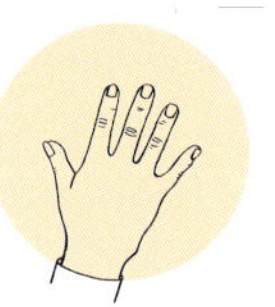

Ein Fingerspiel berichtet von fünf Kamelen und die Kinder verbessern ihre Sprache und Koordination.

Karl, das Kamel

Das brauchen Sie

- ✓ Paulchen (als Figur oder aus Papier)
- ✓ Gras (grünes Tuch)
- ✓ Wasserloch (blaues Tuch oder aus Papier)
- ✓ Kamel (als Figur oder aus Papier)

Die Geschichte

Paulchen hat im Tierpark ein sonderbares Tier bemerkt. Es ist braun und groß und irgendwie sieht es merkwürdig aus. „Irgendetwas stimmt nicht mit ihm", vermutet der Papagei und beobachtet es beim Grasfressen. „O je, o je!", krächzt er, als er es näher betrachtet. Das Tier dreht sich um und schaut den Papagei an.

„Du armes Tier. Ich werde schnell Hilfe holen."

„Wer braucht denn Hilfe?", fragt das Tier.

„Na, du", antwortet er und betrachtet es noch einmal genau. Es hat braunes Fell, vier lange, dünne Beine, einen gebogenen Hals mit einem sonderbaren Kopf daran und dicke Beulen am Rücken.

„Aber warum sollte ich Hilfe brauchen?" Das braune Beulentier ist verwundert.

„Warum? Du stellst vielleicht Fragen. Na, wegen deiner Verletzung", erklärt Paulchen.

„Verletzung? Wie kommst du denn darauf, dass ich verletzt bin?"

„Ach, herrje! Hast du es etwa noch gar nicht gesehen? Komm mal mit, dann zeig ich's dir", sagt Paulchen und führt das Tier an ein Wasserloch. „Sieh selbst." Das Tier blickt hinein und betrachtet sein Spiegelbild. „Ich weiß wirklich nicht, was du meinst. Ich sehe ein Kamel, weiter nichts."

„Ein Kamel? Nennt man dich so?"

„Ja, sicher nennt man mich so. Du kannst mich auch einfach Karl nennen. Aber ich verstehe nicht, warum du glaubst, ich sei verletzt."

„Na, deswegen!", kreischt der Papagei und fliegt auf den Kamelrücken. Mitten drauf auf eine der beiden Beulen. „Deswegen! Du hast zwei riesige Beulen auf deinem Rücken. Muss dir beim Hinfallen passiert sein. Oder hast du dich irgendwo gestoßen?"

„Meinst du meine beiden Höcker?", fragt Karl und fängt an, zu lachen. „Das sind keine Beulen. Und hingefallen bin ich auch nicht. Das sind nur meine Höcker. Alle Kamele haben Höcker auf dem Rücken."

„Wirklich?" Paulchen kann es kaum glauben. „Aber wozu brauchst du die denn?"

„Wenn ich Hunger habe, esse ich so viel, dass gar nicht alles in meinen Bauch passt. Aber ich habe ja noch meine Höcker. Da passt eine Menge rein", erzählt Karl stolz.

„Dann ist in deinen Höckern Futter drin?"

„Ja, das kann man so sagen. Deshalb kann ich dann auch lange Zeit ohne Essen auskommen."

„Das ist toll!", krächzt der Papagei. „Und noch besser ist es, dass du gar nicht verletzt bist, Karl."

„Stimmt. Lieber habe ich zwei Höcker als zwei Beulen", kichert dieser.

„Ich muss jetzt los", sagt Paulchen. „Ich habe Hunger und muss jeden Tag etwas essen, denn mein Bauch ist klein und Höcker habe ich auch keine auf meinem Rücken."

„Zum Glück. Ein Papagei mit Höckern würde auch ziemlich komisch aussehen. Und fliegen könntest du damit sicher auch nicht. Also lass dir dein Futter schmecken", sagt das Kamel.

„Das werde ich. Bis bald, Karl!"

Karl hat keine Beulen, sondern Höcker.

Karl

Material:

- ✓ 2 leere Toilettenpapierrollen (Pappröhren)
- ✓ braune Fingerfarbe
- ✓ Pinsel
- ✓ Tonkarton: braun, rot, weiß, schwarz
- ✓ Schere
- ✓ Locher
- ✓ braune Märchenwolle
- ✓ braune Wolle (alternativ: Paketschnur o. Ä.)
- ✓ Klebstoff
- ✓ Klebeband
- ✓ Heißkleber

Das wird ein tolles Kamel!

Durchführung:

Für den Kopf:

Bereiten Sie ein braunes, 3,5 x 6 cm großes Rechteck vor (Kopf), zwei 1,5 x 3cm große Rechtecke (Ohren) und einen 2,5 cm breiten Streifen (Hals). Schneiden Sie einen weißen, 1 cm breiten Streifen zu (Auge) und einen roten, 2 cm großen Kreis (Mund). Die Kleinen schneiden am Kopf alle vier Ecken ab. Die Ohren schneiden sie auf jeweils einer schmalen Seite spitz zu und vom braunen Streifen schneiden sie ein etwa 7 cm langes Stück als Hals ab. Vom weißen Streifen schneiden sie ein Stück als Auge ab und kleben einen schwarzen Locherpunkt als Pupille auf. Den Kreis halbieren sie und verwenden eine Hälfte davon als Mund. Die Einzelteile des Gesichtes setzen die Kinder mit Klebstoff zusammen. Einen schwarzen Locherpunkt verwenden sie als Nase.

Für die Beine:

Die Kinder bemalen beide Rollen mit brauner Fingerfarbe und lassen sie trocknen.

Sorgfältig werden die Kamelbeine bemalt.

Für den Körper:

Schneiden Sie einen braunen, 11 cm großen Kreis zu (Bauch) und zwei 3 x 5 cm große Rechtecke (Höcker). Die Kleinen schneiden den Kreis mittig durch und verwenden eine Hälfte als Bauch. An den Höckern schneiden sie jeweils auf einer schmalen Seite beide Ecken ab. Die Höcker befestigen sie von hinten am Bauch und fixieren diesen am Hals. Etwas braune Märchenwolle kleben die Kinder auf Kopf und beide Höcker. Ein Stück braune Wolle befestigen sie mit Klebeband von hinten als Kamelschwanz.

Fertigstellung:

Diesen Arbeitsschritt müssen Sie übernehmen, da er mit Heißkleber ausgeführt wird, der nicht in die Hände von Kindern gelangen darf!

Kleben Sie die beiden Toilettenpapierrollen als Beine zusammen und fixieren Sie den Körper von vorn daran. Fertig ist Karl, das Kamel.

Fünf Kamele

Verse sprechen ...	Finger spielen ...
Fünf Kamele kann ich sehn, die im Zoo spazieren gehn.	Fünf Finger einer Hand zeigen; Hände patschen auf Oberschenkel
Das erste, ja, das ist ganz braun und wirklich lustig anzuschaun.	Daumen zeigen
Das zweite, das hat lange Beine und Zähne weiß, fast so wie deine.	Daumen und Zeigefinger zeigen; auf Beine und Zähne deuten
Das dritte muss sich ganz tief bücken mit seinen Höckern auf dem Rücken.	Daumen, Zeige- und Mittelfinger zeigen; sich bücken
Das vierte frisst sich erst mal satt, weil es so großen Hunger hat.	Daumen, Zeige-, Mittel- und Ringfinger zeigen; Kaubewegungen ausführen
Das fünfte streckt die Zunge raus	Alle fünf Finger zeigen und mit dem kleinen Finger wackeln;
dann ruht es sich gemütlich aus.	Zunge rausstrecken;
Schließt die Augen, gähnt dazu, ruft „Bis bald!“ dir leise zu.	Augen schließen und gähnen

Der gemeinsame Morgenkreis macht allen Kindern Spaß!

Das Kamel im Zoo

Melodie: traditionell, „Hänschen klein" | **Text:** Eva Danner

F C7 F
Hier im Zoo, da steht froh ein sehr gro – ßes

4 C7
brau – nes Tier. Es ist schwer, komm mal her,

7 F C
dann zeig ich es dir. Heißt Ka – mel und

10 F
sieh mal an, hat zwei Hö – cker an sich dran.

13 C7 F
Es ist schwer, komm mal her, ja, ich mag es sehr.

2.
Hier im Zoo, da steht froh ein sehr großes,
braunes Tier.
Es ist schwer, komm mal her, dann zeig ich es dir.
Hat vier Beine dünn und lang,
einen Hals, schau ihn dir an.
Es ist schwer, komm mal her, ja, ich mag es sehr.

3.
Hier im Zoo, da steht froh ein sehr großes,
braunes Tier.
Es ist schwer, komm mal her, dann zeig ich es dir.
Es hat braunes, weiches Fell,
rennen kann es auch sehr schnell.
Es ist schwer, komm mal her, ja, ich mag es sehr.

4.
Hier im Zoo, da steht froh ein sehr großes,
braunes Tier.
Es ist schwer, komm mal her, dann zeig ich es dir.
Wenn es großen Hunger hat,
frisst es sich so richtig satt.
Es ist schwer, komm mal her, ja, ich mag es sehr.

5.
Hier im Zoo, da steht froh ein sehr großes,
braunes Tier.
Es ist schwer, komm mal her, dann zeig ich es dir.
Will es abends seine Ruh,
macht es schnell die Augen zu.
Es ist schwer, komm mal her, ja, ich mag es sehr.

Zootier-Turnen

Im Tierpark leben viele Tiere und alle bewegen sich gern. Manche hüpfen, andere fliegen und einige laufen oder krabbeln. Bei diesen Bewegungsimpulsen können sich die Kinder körperlich erproben und Sie brauchen nur eine Bank und Reifen zur Umsetzung.

Station: Kamelkarawane

Material:

✓ Bank
✓ Matten

Durchführung:

Berichten Sie den Kindern, dass die Kamele auf dem Weg zu ihrer Wasserstelle sind. Alle haben großen Durst und überqueren gemeinsam den Weg durch ihr Gehege. Stellen Sie die Langbank (=Gehege) auf und platzieren Sie eine Matte am Ende (=Wasserstelle). Bei Bedarf sichern Sie die Station zusätzlich mit Matten ab. Die Kinder krabbeln über die Bank zur Wasserstelle, wo sie in aller Ruhe trinken können.

Förderbereiche:

Arm- und Beinmuskulatur, Körpergefühl/Balance

Die Kamelkarawane ist unterwegs.

Station: Giraffenhunger

Material:

✓ Reifen

Durchführung:

Erzählen Sie, dass die Giraffen durch ihr Gehege spazieren, bis sie irgendwann hungrig werden. Dann suchen sie sich einen Baum mit leckeren Blättern und knabbern daran. Verteilen Sie so viele Reifen (=Bäume) im Raum, wie Kinder mitspielen. Die Kleinen dürfen sich frei im Raum bewegen, bis Sie rufen: „Alle Giraffen haben Hunger!" Nun sucht sich jedes Kind einen Reifen aus und stellt sich hinein. Dann dürfen sich alle auf die Zehenspitzen stellen und die Arme so weit wie möglich nach oben strecken, denn Giraffen haben bekanntlich lange Beine und einen langen Hals. Haben alle Giraffen von den Blättern geknabbert, beginnt die nächste Runde.

Förderbereiche:

Arm- und Beinmuskulatur, Ausdauer und Kondition

Die Giraffen strecken sich hoch hinauf.

Station: Pinguinhüpfen

Material:

✓ Reifen

Durchführung:

Erzählen Sie, dass die Pinguine die meiste Zeit fröhlich im Wasser schwimmen, aber auch gern an Land sind. Dort hüpfen sie oft von Felsen zu Felsen. Legen Sie mehrere Reifen hintereinander auf den Boden (=Felsen). Die Kinder können nun mit beiden Beinen von Reifen zu Reifen hüpfen. Auf diese Weise überqueren die Pinguine die Felsen in ihrem Gehege.

Förderbereiche:

Kondition und Ausdauer, Arm- und Beinmuskulatur

Viele Pinguine sind unterwegs.

Zootier-Turnen

Station: Känguruhüpfen

Material:

✓ Reifen

Durchführung:

Berichten Sie, dass die Kängurus am liebsten den ganzen Tag durch ihr Gehege hüpfen. Verteilen Sie so viele Reifen im Raum, wie Kinder mitspielen. Jedes Känguru sucht sich einen Platz (=Reifen) im Gehege aus und stellt sich in den Reifen hinein. Dann hüpfen die Kinder mit beiden Beinen auf und ab. Ist das Känguru müde, setzt es sich hin oder geht in die Hocke.

Förderbereiche:

Kondition und Ausdauer, Arm- und Beinmuskulatur

Das Känguru ist müde.

➸ Anmerkung:

Sie können diese Übung auch als Aufwärmspiel spielen. Hierzu benötigen Sie keine Reifen, nur etwas Musik. Solange die Musik spielt, dürfen die kleinen Kängurus durch das Zimmer hüpfen. Ist keine Musik mehr zu hören, setzen sie sich auf den Boden, bis erneut Musik erklingt.

Der Löwe Linus

Der Löwe, auch „König der Tiere“ genannt, ist wirklich eine imposante Erscheinung. Seine große Mähne, die etwas dunkler gefärbt ist als das übrige gelbliche, braune oder sandfarbene, kurze Fell, ist ohne Frage sein markantestes Erkennungszeichen. Bei diesen Säugetieren, die zur Gattung der Großkatzen zählen, tragen nur die Männchen eine Mähne. Die etwas kleineren weiblichen Tiere kommen ohne aus. Doch sowohl die männlichen als auch die weiblichen Raubtiere besitzen einen behaarten Schwanz mit einer schwarzen Quaste am Ende. Es gibt verschiedene Unterarten, die im Rudel miteinander leben und bis zu 20 Jahre alt werden können. Ihr Revier markieren die dämmerungsaktiven Löwen mit Kot und Urin und verteidigen dieses auch gegen Eindringlinge. Bei der Jagd können sie kurzfristig Spitzengeschwindigkeiten von bis zu 60 km/h erreichen. Wenn Löwen nicht auf Beutefang sind, schlafen und dösen sie die meiste Zeit des Tages vor sich hin. Die reinen Fleischfresser verspeisen hin und wieder sogar Aas und sehen und hören hervorragend. Die Jungtiere haben ein geflecktes Fell und werden einige Wochen etwas abseits vom Rudel aufgezogen.

Gestatten: Der König der Tiere

Das unverkennbare Löwengebrüll ist meist schon über weite Distanzen zu hören, doch die Tiere geben auch knurrende, brummende und schnurrende Laute von sich.

In einer Geschichte lernen die Kinder den Löwenjungen Linus kennen und erfahren etwas über dessen Leben im Tierpark.

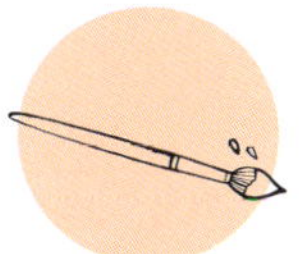

Jedes Kind darf aus einem Handabdruck einen individuellen Löwen gestalten.

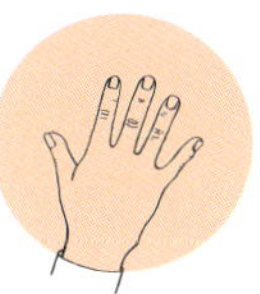

Ein Fingerspiel berichtet vom Löwenjungen Linus und fördert die Sprachentwicklung der Kinder.

Ein fröhliches Lied animiert die Kinder zum Mitsingen und schult ihre Musikalität.

Bei einem tollen Spiel erhält der Löwe seine Mähne und die Kleinen verbessern ihre Auge-Hand-Koordination und Fingerfertigkeit.

Linus, das Löwenkind

Das brauchen Sie

- ✓ Martin (als Figur oder aus Papier)
- ✓ Grasflächen (grüne Tücher)
- ✓ Bäume (aus Papier)
- ✓ Felsen (braune Tücher über umgedrehte Kartons oder Schüsseln legen)
- ✓ Baumstämme (Äste)
- ✓ Löwen, Linus (als Figuren oder aus Papier)
- ✓ Sonne (aus Papier)
- ✓ Schubkarre (Dekoschubkarre oder aus Karton basteln)
- ✓ Eimer (Deko- oder Spielzeugeimer oder andere Gefäße)
- ✓ Fleisch (Stücke von rosafarbenem Haushaltsschwamm o. Ä.)
- ✓ Gitter (konstruieren)
- ✓ Stange (Holzspieß)
- ✓ Büsche (echte Pflanzen oder grüne Tücher über Kartons legen)
- ✓ Milchflasche

Die Geschichte

Martin ist unterwegs zum Löwengehege. Viele **Löwen** und auch einige Löwenkinder leben dort zusammen. Das Gehege ist groß, mit **Grasflächen** zum Spielen und Toben und **Bäumen, Felsen** und **Baumstämmen** zum Klettern. Die meiste Zeit schlafen die Löwen oder dösen in der **Sonne**. Martin hat eine **Schubkarre** dabei, in der viele **Eimer** stehen. In den Eimern ist das Löwenfutter. Leckeres **Fleisch**, das mögen sie am liebsten. Als die Tiere das Futter riechen, laufen sie zum **Gitter** des Geheges. Der Tierpfleger kann nicht einfach zu ihnen hineinspazieren, das ist zu gefährlich. Denn Löwen haben spitze Zähne. „Guten Morgen, meine Lieben“, begrüßt Martin das Löwenrudel und schiebt mit einer langen **Stange** das Futter durch die Gitterstäbe. Zuerst frisst Carlos, ihr Anführer. Er ist der größte und stärkste Löwe. Er hat eine riesige Mähne und kann laut brüllen. Als auch die anderen Löwen ein Stück Fleisch geschnappt haben, suchen sie sich ein gemütliches Plätzchen und verspeisen es dort in aller Ruhe. Da bemerkt Marin, dass ein Löwe fehlt. „Linus, wo versteckst du dich?“ Linus ist das kleinste Löwenbaby. Er ist neugierig und den ganzen Tag auf Entdeckungstour. Martin kann ihn nirgendwo sehen und läuft um das ganze Gehege herum. Bei den **Büschen** bleibt er stehen. Dort sieht er den winzigen Löwenschwanz zwischen den Blättern hervorschauen. Offenbar hat Linus sich versteckt und möchte, dass der Tierpfleger ihn sucht. Martin gibt sich ahnungslos. „Wo ist er nur, der kleine **Linus**? Wo hat er sich nur versteckt?“, ruft er und tut so, als würde er ihn suchen. Plötzlich springt dieser zwischen den Büschen hervor und brüllt so laut er kann: „Uuahhh!“ Weil Linus aber noch klein ist, klingt sein Brüllen eher wie ein leises Schnurren. Aber das weiß Linus nicht. Er glaubt, er sei ein gefährlicher Löwe, vor dem man sich erschrecken muss. Und weil Martin kein Spielverderber sein will, tut er so, als hätte er wirklich Angst vor ihm. „Hilfe, Hilfe!“, ruft er. „Ein gefährlicher Löwe ist hier!“ Und dabei muss er fast lachen, denn Linus ist wirklich noch sehr klein, beinahe wie ein Katzenkind. „Du hast mich aber erschreckt“, schwindelt er. Zufrieden schnurrt Linus und Martin holt aus seiner Jackentasche eine **Milchflasche**. Diese streckt er dem Löwenkind durch das Gitter und Linus trinkt sie sogleich aus. Linus kann noch kein Fleisch fressen. Deshalb füttert Martin ihn mit der Flasche. Kurze Zeit später ist diese leer und Martin macht sich mit einer leeren Schubkarre auf den Rückweg.

Löwe Linus spielt gern Verstecken.

Löwe

Material:

- gelbe Fingerfarbe
- Pinsel
- weißes Blatt
- grüner Fotokartonbogen (DIN A4)
- Tonkarton: gelb, braun, weiß, schwarz,
- optional: Krepppapier: gelb oder braun
- Schere
- Klebstoff
- Locher

Ich bastle einen Löwen.

Durchführung:

Für den Kopf:

Bereiten Sie ein braunes, 6 x 6 cm großes Quadrat vor (Mähne), ein gelbes, 4 x 4 cm großes Quadrat (Gesicht), einen weißen und einen schwarzen, 1 cm breiten Streifen (Augen/Nase) sowie einen schwarzen, 0,3 x 24 cm langen Streifen (Barthaare). Die Kleinen schneiden an Mähne und Gesicht alle Ecken ab. Vom weißen Streifen schneiden sie zwei Stücke als Augen ab und kleben schwarze Locherpunkte als Pupillen auf. Vom dicken schwarzen Streifen schneiden sie ein Stück als Nase ab, den dünnen Streifen schneiden sie in drei Teile und verwenden diese als Barthaare. Die Einzelteile des Kopfes setzen sie mit Klebstoff zusammen. Beim fächerartigen Anbringen der Barthaare benötigen die Kinder Ihre Hilfe.

Für den Körper:

Bemalen Sie die ganze Hand des Kindes mit gelber Fingerfarbe und drucken Sie diese auf das weiße Papier.

Fertigstellung:

Schneiden Sie den getrockneten Handabdruck aus und kleben Sie ihn auf den grünen Papierbogen. Die Kleinen fixieren den Kopf daran und fertig ist ein fröhlicher Löwe. Möchten die Kinder ein ganzes Löwenrudel gestalten, fertigen sie so viele Handabdrücke wie gewünscht an. Die Größe des grünen Papierbogens muss dementsprechend verändert werden.

Für den Rahmen:

Um das Bild mit einem tollen Rahmen zu versehen, schneiden Sie einfach einen etwa 3 cm breiten Streifen des Krepppapiers ab, drehen ihn mittig etwas zusammen und kleben ihn außen um das Bild herum. Fertig!

Der Löwenkörper entsteht aus einem Handabdruck.

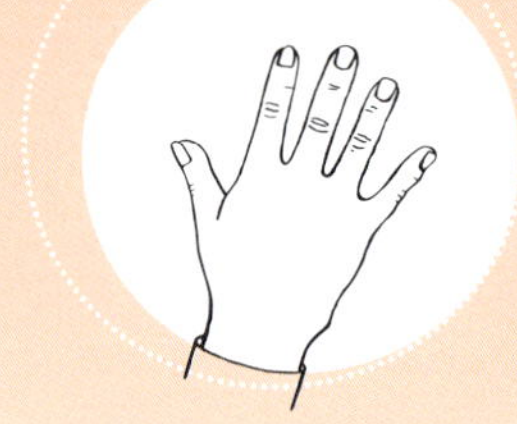

Linus Löwenkind

Verse sprechen ...	**Finger spielen ...**
Linus heißt das Löwenkind, kommt herbeigerannt geschwind.	Stampfen
Brüllt nur leis, ist ja noch klein. „Uuuaaahhh!“, hört man ihn leise schrein.	Leise brüllen
Hat vier Füße und an allen hat der Linus scharfe Krallen.	Mit den Fingern vier abzählen; alle zehn Finger leicht beugen = Krallen
Auch Zähne hat er, winzig klein, und einen Schwanz, das muss so sein.	Zähne zeigen; einen Schwanz andeuten
Der Linus spielt den ganzen Tag, tollt froh umher, weil er das mag.	Hände patschen auf die Oberschenkel
Doch plötzlich gähnt er, hör mal zu: „Uuuaaahhh!“, macht es und dann ist Ruh.	Gähnen
Schon liegt er faul im Sonnenschein und ruck zuck schläft der Linus ein.	Kopf auf die gefalteten Hände legen; Augen schließen

Löwe Linus spielt den ganzen Tag.

Ich kenne einen Löwen

Melodie: traditionell, „Mein Hut, der hat drei Ecken“ | **Text:** Eva Danner

2.
Er döst so gern am Mittag
dort unter einem Baum.
Da liegt er dann gemütlich
und träumt nen schönen Traum.

3.
Sein Fell, das ist ganz kuschlig,
sein Fell, das ist ganz weich.
Der Linus mag gern spielen
und das am liebsten gleich.

4.
Er spielt so gerne Fangen,
er spielt auch gern Versteck.
Und wenn du mal nicht aufpasst,
dann ist der Linus weg.

Löwe Linus liegt im Sonnenschein.

Löwenmähne zum Klammern

Material:

- ✓ Tonkarton: weiß, schwarz, braun, gelb
- ✓ schwarzer Fasermaler
- ✓ Schere
- ✓ Klebstoff
- ✓ Locher
- ✓ Laminiergerät und Folien
- ✓ Holzwäscheklammern

So sieht der Klammerlöwe aus.

Durchführung:

Stellen Sie aus dem Tonkarton einen Löwenkopf her, indem Sie einen braunen, 12 cm großen Kreis und einen gelben, 9 cm großen Kreis anfertigen. Gestalten Sie aus dem schwarzen Tonkarton eine Nase und aus dem weißen die Augen. Setzen Sie das Gesicht mit Klebstoff zusammen. Zeichnen Sie mit dem Fasermaler Mund und Barthaare auf und laminieren Sie den fertigen Löwenkopf. Achten Sie darauf, dass beim Laminieren keine scharfen Kanten entstehen.

So wird gespielt:

Zeigen Sie den Kindern den Löwenkopf und berichten Sie ihnen, dass der Löwe gern eine große Mähne hätte, damit alle sehen können: „Das ist der Anführer!"

Dazu benötigt er die Hilfe der Kinder, welche nun beliebig viele Klammern rund um den Löwenkopf herum anstecken dürfen.

Gut zu wissen:

Bei diesem einfach herzustellenden Spiel setzen sich die Kinder gezielt mit dem äußeren Erscheinungsbild des Löwenmännchens auseinander. Des Weiteren wird der sog. „Pinzettengriff" beim Anstecken der Klammern gefördert und Ihre Jüngsten schulen ihre Auge-Hand-Koordination auf spielerische Weise.

Bitte stellen Sie sicher, dass die Kinder mit den Wäscheklammern umgehen können und sich beim Spielen nicht verletzen.

Es ist gar nicht so leicht, die Klammern anzubringen.

Zuri, das Zebra

Zebras, die mit ihrem schwarz-weißen Streifenmuster einzigartigen Säugetiere, werden auch „Tigerpferde“ genannt und sind an ihrem individuellen Muster eindeutig zu erkennen. Dieses dient der Tarnung und macht ihren Körperumriss aus der Entfernung nahezu unsichtbar. Zebras haben einen stämmigen Körper und eine relativ kurze Mähne. Die Pflanzenfresser können bis zu 40 Jahre alt werden und leben meist in kleineren Gruppen von bis zu 20 Tieren zusammen, die sich auch zu großen Herden zusammenschließen. Männchen werden als Hengste bezeichnet, Weibchen als Stuten. Die Jungtiere nennt man Fohlen. Zebras erkennen einander am Geruch, der individuellen Musterung und der Stimme. Zebralaute klingen nicht wie die von Pferden oder Eseln, sondern es sind helle, keuchende Laute, ähnlich einem Bellen. Die gegenseitige Fellpflege ist ein wichtiger sozialer Austausch. Die meiste Zeit des Tages verbringen die Tiere mit Fressen und wenn es ihnen zu heiß wird, schlafen sie stehend im Schatten der Bäume. Zebras baden leidenschaftlich gern in Schlamm- und Staubbädern und brauchen viel Auslauf. Sie haben ein gutes Sehvermögen und fliehen bei Gefahr, wo sie eine Höchstgeschwindigkeit von bis zu 80 km/h kurzfristig erreichen können. Wenn sich die Tiere doch einmal verteidigen müssen, dann tun sie dies mit Bissen und Tritten.

Gestatten: Zebra Zuri

In einer Geschichte lernen die Kinder ein Zebra kennen und erfahren Wissenswertes über Aussehen und Leben dieser Tiere.

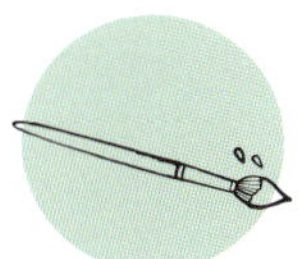

Jedes Kind darf ein Zebra gestalten und schult dabei seine Feinmotorik.

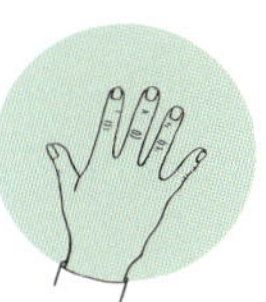

Ein Fingerspiel berichtet von fünf Zebras und die Kinder verbessern ihre Sprache und Koordination.

Ein fröhliches Lied animiert zum Mitsingen und schult die Musikalität.

Die Kleinen spielen mit verschiedenen Zootieren und schärfen dabei ihren Blick für die äußere Erscheinung der unterschiedlichen Arten.

Das gestreifte Pferd

Das brauchen Sie

- ✓ Paulchen (als Figur oder aus Papier)
- ✓ Blätterbusch (Schüssel oder Korb mit grünem Tuch auslegen)
- ✓ Sonne (aus Papier)
- ✓ Regentropfen (blaue Locherpunkte)
- ✓ Wasserloch (blaues Tuch oder aus Papier)
- ✓ Zebras (als Figuren oder aus Papier)

Die Geschichte

Paulchen sitzt schon den ganzen Tag unter einem **Blätterbusch**. Es regnet und alle Tiere haben sich zurückgezogen, um nicht nass zu werden. Aber allmählich wird dem Papagei langweilig. Zum Glück kommt die **Sonne** wieder zum Vorschein und der Regen lässt nach. Paulchen klettert unter dem Blätterbusch hervor, als ihm noch ein paar **Regentropfen** auf den Kopf fallen. „Igitt!", ruft er. Er kann Regen nicht ausstehen und er mag es nicht, nass zu werden. Er fliegt los und bemerkt ein wunderliches Tier mit vier Beinen und sonderbaren Streifen. Es sieht aus wie ein Pferd, nur dass Pferde keine Streifen haben, wie Paulchen weiß. Der Papagei fliegt näher heran und betrachtet das unbekannte Tier, wie es neben einem **Wasserloch** steht und daraus trinkt. Plötzlich entdeckt Paulchen etwas sehr Beunruhigendes und beginnt sogleich, laut zu krächzen. Das gestreifte Tier schaut den Papagei verdutzt an. „Was ist los?", will es wissen.

„Du … du … deine … deine …", stammelt Paulchen aufgeregt.

„Jetzt sag mir doch endlich, was los ist", bittet das Tier.

Paulchen atmet tief durch und spricht: „Du verlierst deine Farbe. An den meisten Stellen an deinem Bauch ist die schwarze Farbe schon verschwunden. Und an deinem Hals und den Beinen auch. Du … du … du wirst überall weiß." Paulchen ist entsetzt. „Der Regen!", kommt es ihm in den Sinn. „Der Regen ist schuld. Er hat deine Farbe abgewaschen. Ach, du meine Güte! Mir sind vorhin auch Regentropfen auf den Kopf gefallen. Hoffentlich verliere ich jetzt nicht auch meine Farbe! Ein Papagei ohne Farbe, so was geht doch nicht!"

Da fängt das Tier zu lachen an. „Was, bitte, ist lustig daran, seine Farbe zu verlieren?", ruft der Papagei empört. „Wenn es dir nichts ausmacht, in Kürze weiß wie eine Schneeeule zu sein, dann ist das dein Problem. Aber ich will auf gar keinen Fall so aussehen."

„Du wirst deine Farbe nicht verlieren, versprochen! Mein Name ist Zuri. Ich bin ein **Zebra**."

Paulchen ist verwirrt. „Bist du denn kein Pferd?"

„Nein. Ich bin ein Zebra. Und Zebras sind schwarz und haben weiße Streifen. Oder weiß mit schwarzen Streifen. So genau kann man das nicht sagen. Aber ganz sicher verliere ich nicht meine Farbe. Kein Regen kann meine Farbe abwaschen und deine auch nicht."

„Dann bleiben meine Federn also bunt?"

„Ja. Du wirst auch morgen noch so farbenprächtig leuchten wie heute", schmunzelt das Zebra.

„Puh", schnauft der Papagei erleichtert. „Dann ist es ja gut."

„Alles ist gut. Und jetzt entschuldige mich bitte. Ich muss zu den anderen."

Jetzt erst bemerkt Paulchen, dass etwas abseits noch mehr dieser Streifenpferde stehen, von denen er jetzt weiß, dass es **Zebras** sind. Und Zebras verlieren ihre Farbe nicht bei Regenwetter. Und Papageien auch nicht.

Zebras können ihre Farbe nicht verlieren.

Zebra

Material:

- ✓ Tonkarton: weiß (DIN A 3), schwarz
- ✓ schwarze Fingerfarbe
- ✓ Farbrolle mit Strukturrillen
- ✓ Klebeband
- ✓ 1 Wattepad
- ✓ schwarze Wasserfarbe
- ✓ Pinsel
- ✓ Becher
- ✓ wasserfeste Unterlage
- ✓ braune oder schwarze Märchenwolle
- ✓ Schere
- ✓ Locher
- ✓ Klebstoff

Das Streifenmuster entsteht.

Durchführung:

Herstellung des Papiers:

Befestigen Sie den weißen Tonkarton mit Klebeband auf dem Tisch, damit dieser nicht wegrutscht. Füllen Sie schwarze Fingerfarbe in einen Behälter und rühren Sie diese, bei Bedarf, mit etwas Wasser flüssiger.

Die Kinder tauchen die Farbrolle in die Farbe und rollen sie über ihren Papierbogen. So entsteht das typische Streifenmuster eines Zebras. Das Papier lassen Sie über Nacht trocknen.

Für die Schnauze:

Rühren Sie in einem Becher Wasser mit schwarzer Wasserfarbe an und legen Sie das Wattepad auf die wasserfeste Unterlage.
Die Kleinen betupfen das Pad mit dem gefärbten Wasser und lassen es über Nacht trocknen.

Für den Kopf:

Schneiden Sie aus dem gefärbten Papier ein 6 x 8 cm großes Rechteck (Kopf) zu, ein 4 x 2,5 cm großes Rechteck (Ohren) und einen 4 cm breiten Streifen (Hals). Bereiten Sie einen weißen, 1 cm breiten Streifen für die Augen vor. Die Kinder schneiden auf einer schmalen Seite des Kopfes beide Ecken ab. Das Rechteck schneiden sie diagonal durch und verwenden beide Hälften als Ohren. Vom weißen Streifen schneiden sie zwei Stücke als Augen ab und kleben schwarze Locherpunkte als Pupillen auf. Vom Streifen schneiden sie ein etwa 10 cm langes Stück als Hals ab. Die Einzelteile des Kopfes setzen sie mit Klebstoff zusammen. Das getrocknete Wattepad befestigen sie von hinten am Kopf, sodass etwa die Hälfte davon übersteht. Zwei weiße Locherpunkte kleben sie als Nasenlöcher auf.

Für den Körper:

Bereiten Sie aus dem gefärbten Papier ein 12 x 20 cm großes Rechteck (Bauch) vor, zwei 2,5 x 24 cm lange Streifen (Beine) und ein 8 x 3 cm großes Rechteck (Schwanz). Für die Füße schneiden Sie zwei schwarze, 3 cm große Kreise zu. Die Kleinen schneiden am Bauch alle vier Ecken ab. Die beiden Streifen und Kreise halbieren sie und verwenden die entstandenen Hälften als Beine und Füße. Das kleine Rechteck schneiden die Kinder diagonal durch und verwenden eine Hälfte davon als Schwanz. Die Einzelteile des Körpers setzen sie mit Klebstoff zusammen und fixieren ihn am Hals. Etwas Märchenwolle bringen sie als Mähne an und fertig ist ein tolles Zebra mit garantiert einzigartigem Streifenmuster.

Fünf Zebras

Verse sprechen …	Finger spielen …
Fünf Zebras kann ein jeder sehn, die fröhlich in der Sonne stehn.	Fünf Finger einer Hand zeigen; Hand beschattet Augen
Alle sind sie schwarz und weiß, dem ersten Zebra ist ganz heiß.	Daumen zeigen; mit dem Handrücken über die Stirn wischen
Das zweite, das läuft froh und munter auf der Wiese rauf und runter.	Daumen und Zeigefinger zeigen; Hände patschen auf die Oberschenkel
Das dritte Zebra frisst sich satt, weil es so großen Hunger hat.	Daumen, Zeige- und Mittelfinger zeigen; Kaubewegungen ausführen
Das vierte schlabbert Wasser froh, sieh gut hin, denn das geht so.	Daumen, Zeige-, Mittel- und Ringfinger zeigen; pantomimisch Wasser trinken
Das fünfte Zebra ist noch klein,	Fünf Finger einer Hand zeigen und mit dem kleinen Finger wackeln;
legt sich hin und schläft bald ein.	Kopf auf die gefalteten Hände legen und Augen schließen

Zuri ist zu Besuch.

Das Zebra lebt im Tierpark

Melodie: traditionell, „Ein Männlein steht im Walde" | Text: Eva Danner

2.
Das Zebra lebt im Tierpark, es ist noch klein.
Doch hat es viele Freunde, ist nie allein.
Es springt gerne auf und ab,
im Galopp und auch im Trab.
Ja, das macht dem Zebra ganz großen Spaß.

3.
Das Zebra lebt im Tierpark, es ist noch klein.
Doch hat es viele Freunde, ist nie allein.
Schau, jetzt knabbert es ein Blatt,
weil es großen Hunger hat.
Mag so gerne Blätter und ist bald satt.

4.
Das Zebra lebt im Tierpark, es ist noch klein.
Doch hat es viele Freunde, ist nie allein.
Spät am Abend will es heim,
mag bei seiner Mama sein.
Legt sich hin zum Schlafen und schläft nun ein.

Zebra, Giraffe & Co.

Es gibt Zootiere speziell für Krippenkinder, die groß und weich sind und mit denen man wunderbar spielen kann. Um den Kindern eine abwechslungsreiche Spielidee für das Freispiel anzubieten, können Sie gemeinsam eine Landschaft gestalten und somit Zebras, Giraffen, Affen und vielen weiteren Tieren ein individuelles Zuhause schaffen.

Folgende Materialien können Sie hierfür verwenden:

- ✓ Tücher (braun und grün für die Landschaft)
- ✓ blauen Filz (für eine Wasserstelle)
- ✓ Dekoeimer oder andere Behälter für das „Tierfutter"
- ✓ Tierfutter: Walnüsse, Zapfen, Blätter und andere Naturmaterialien (Richten Sie Ihre Auswahl immer auf das Alter und den Entwicklungsstand Ihrer Kinder aus.)
- ✓ Äste
- ✓ Baumscheiben
- ✓ Rinde
- ✓ Früchte und Gemüse aus dem Einkaufsladen, wie Bananen, Äpfel, Karotten etc.
- ✓ kleine Schaufeln zum Verteilen des Futters
- ✓ Bäume aus Holz

So spielen die Kinder damit:

Gemeinsam mit Ihren Kindern können Sie überlegen, wie die Landschaft aussehen soll. Lassen Sie die Kleinen entscheiden, ob sie lieber braune Tücher für eine Sandlandschaft oder grüne für eine Wiese verwenden möchten. Vielleicht ja sogar beides?

Holzbäume, Äste, Baumscheiben u. Ä. dürfen verwendet werden, um das Gelände zu verschönern und damit die Tiere dort klettern, sich verstecken oder einfach nur ausruhen können.

Eine oder mehrere „Wasserstellen" können die Kinder auf die Landschaft legen, damit die Tiere auch ausreichend zu trinken haben. Hierfür eignet sich Filz gut, da er sich mühelos in der gewünschten Form zuschneiden lässt.

Eine leere Holzkiste kann zum Stall umfunktioniert werden und die Tiere können zum Schlafen dort untergebracht werden.

Mit kleinen Schaufeln dürfen die Kinder die Tiere füttern oder Nüsse und anderes Naturmaterial in verschiedene Behälter füllen. Dabei schulen sie auf spielerische Weise ihre Auge-Hand-Koordination und Feinmotorik.

Sprechen Sie mit den Kleinen darüber, wie die verschiedenen Tiere heißen und woraus deren Nahrung besteht. So können die Giraffen beispielsweise an Blättern knabbern und Affen mit Bananen gefüttert werden.

Mit diesen Materialien können die Kinder fantasievoll spielen und immer neue Ideen entwickeln und umsetzen. Das „Tiergelände" kann jederzeit neu gestaltet werden und ist mit den Tüchern im Nu wieder weggeräumt, wenn der Platz für andere Spiele benötigt wird.

Probieren Sie es aus und schaffen Sie ein neues Zuhause für Zebra, Giraffe & Co.